兩人三腳不卡關 婚姻必修課

調整呼吸、配合腳步，
幸福旅途用默契與智慧共度

曾麗華，張廷彩 著

了解差異、尊重界線，
維繫親密關係有哪些關鍵？

- 婚姻不只是相愛，更要學會相處
- 當你願意改變，幸福就能重新綻放

目錄

序　婚姻，一場自我修行

上篇　婚姻經營之道

　　第一章　婚姻有規律　　　　　　　　010

　　第二章　婚姻的智慧　　　　　　　　029

　　第三章　家庭經濟　　　　　　　　　060

中篇　如何療癒婚姻之痛

　　第四章　家庭暴力的正確處理　　　　084

　　第五章　當婚姻有瑕疵，別怕　　　　088

　　第六章　離婚的正確處理　　　　　　095

　　第七章　再婚需要勇氣　　　　　　　127

下篇　走出原生家庭創傷

　　案例 1　夢想需要奮鬥　　　　　　　153

　　案例 2　活著是為了美好未來　　　　156

目錄

案例 3	不能放棄的責任	159
案例 4	自我救贖之路	162
案例 5	靠讀書改變命運	165
案例 6	未來依舊充滿希望	169
案例 7	先愛自己才有能力愛他人	171
案例 8	我的人生我作主	175
案例 9	女性也要經濟獨立	181
案例 10	絕對不向命運低頭	185

序　婚姻，一場自我修行

　　婚姻真的是愛情的墳墓嗎？單身真的幸福嗎？一些媒體不負責任的宣傳，讓現在的年輕人恐婚恐育。雖然一些過時的觀念需要被打破，但人害怕孤獨，婚姻經營有規律可循，離婚、再婚也可以找到幸福。只是我們需要找到恰當的方法來正確處理婚姻中的矛盾和危機，用心學習經營婚姻的方法，這樣我們都可以收穫幸福的婚姻。

　　本書透過剖析婚姻中存在的困境，提出走出困境的方法和策略，分享了經營婚姻的智慧。

　　當然，如果遇到不合適的愛情或婚姻，也需要及時停損。面臨分手或離婚之痛，面對再婚家庭的複雜關係，面對家庭暴力等問題，我們應該如何處理和解決其中的困惑？本書也提出了相應的解決方法和思路。

　　為了避免對求助者造成困擾，作者對他們的資訊以及個案的故事都做了必要的處理。這些個案的發表均徵得了求助者的書面同意。感恩求助者的信任，感謝他們的無私奉獻！

　　一個人要想活出最好的人生，那麼自我治癒和自我成長將是他們需要終身學習的功課！因為無論怎樣求助心理諮商

序　婚姻，一場自我修行

師、心理醫生、心理治療師，最終都需要自助，因為自己才是最好的心理治療師！

　　透過閱讀本書，我們可以從這些真實的案例中，學習經營婚姻的智慧，從而療癒婚姻之痛。這本書讓我們知道愛情可以如此美好，婚姻可以如此幸福！

上篇
婚姻經營之道

上篇　婚姻經營之道

　　完美的愛情是指兩個有缺點的人互相包容，經營愛需要技巧，需要克服彼此的差異和誤解，需要雙方共同用心經營，愛就是讓彼此舒服。

　　人生短暫，當我們明白婚姻需要用心經營，需要彼此珍惜，需要共同經營、付出，需要讚美、欣賞對方，認可對方對家庭的貢獻，感恩對方的陪伴和支持，我們才能享受婚姻的幸福和美好。

　　我長期從事婚姻諮商，也在大學開設婚姻心理輔導課多年，諮商婚姻個案上千宗。我接觸到大量又痛又快樂的人。為什麼愛會讓人痛呢？愛情是美好的，為什麼我們不能讓對方舒服、快樂呢？

　　有些人在婚姻中只講對錯，卻不知道結婚更多的是滿足生存需求。因為恐懼孤獨，我們需要人陪伴，那麼，就不要在婚姻中增加過多物質的欲望，只有彼此心理平衡，婚姻才能輕鬆和愉快。

　　人生很短，婚姻不可能像愛情肥皂劇那樣浪漫。家庭中的經濟、家事、車子、房子、孩子、婆媳關係等難解之謎，摻雜在我們的婚姻中，如果不懂經營，不會妥協，不善於求同存異，不能平等地對待對方，那麼，婚姻就會因觀念不合、性格相異而走到盡頭。

　　為什麼不把人生當成喜劇，為什麼一定要互相折磨，只

渴望對方改變來滿足自己的需求而把人生過成悲劇？如果我們了解人性，了解婚姻的真相，讓彼此都以舒服的方式生活，那麼婚姻會減少很多爭吵和矛盾，婚姻會成為你人生的加油站。

試想一下，當我們終於掌握經營婚姻的方法和智慧時，卻發現我們已經老了。吵了一輩子吵不動了；折磨了一生卻發現屬於我們的時間不多了；配偶離開後，我們才開始後悔和內疚，人生留下了諸多遺憾！

為什麼不善待對方？為什麼苛求對方？甚至以愛之名控制、威脅對方，不讓對方離開無愛無性的婚姻？除了愛情還有親情，還有事業，還有值得我們追求的夢想，為什麼不過好自己的人生呢？

掌握經營婚姻之道，我們才知道愛情如此美好，婚姻如此幸福！只要我們用心經營，婚姻可以讓人生變得更加美好！

上篇　婚姻經營之道

第一章　婚姻有規律

　　凡事都有規律可循，凡事都有底線。婚姻也一樣，在法律、倫理、道德的允許下，符合人性、尊重對方，讓彼此都舒服，那是愛的最高境界。只要我們了解婚姻的真相，遵循經營婚姻的規律，我們就不會因此而痛苦和悲傷，更不會強行占有和控制對方，不願意給對方適度的自由和空間。

　　婚姻雖然不是人生的全部，但它卻是人生中很重要的一部分。有人認為婚姻對於某些女人來說：「我拚盡全身的力氣握緊這雙手，仍無法阻止沙子一粒粒從指間滑走，反反覆覆，我始終握不住手中的一粒沙。」婚姻就是這樣，握得越緊，失去得越多。既然愛情不會永恆，那麼維持婚姻需要雙方共同的努力和經營。

第一節　夫妻相處的原則

一、為什麼婚姻需要經營？

(一) 人需要學習經營婚姻的觀念

　　有什麼樣的觀念就有什麼樣的態度，所以，婚姻需要學習一些正確合理的觀念。每個人都需要學習經營婚姻。

第一章　婚姻有規律

　　人生有兩件大事：成家和立業。現代人普遍認為事業很重要，對立業感興趣，其實婚姻也很重要，家庭是人生幸福的根本，是一個人沒有後顧之憂的必要基礎。

　　怎樣去經營婚姻？雖然沒有統一的模式和標準，但還是有規律可循，因此需要我們用心學習。

(二) 學習理智經營婚姻

　　婚姻有五大價值：經濟合作、資源共享、性的滿足、情緒價值、撫育孩子。因此，當婚姻出現矛盾時，我們需要理性思考：婚姻可以為我們提供哪些價值，我們最在乎的是什麼？而不是輕率地用離婚處理婚姻矛盾。現代社會，有些人過度看重經濟價值，過度物質化導致不太重視婚姻的其他價值。在婚姻中，往往越缺什麼就越渴望什麼，因此，當一方在外打拚給予家庭物質滿足卻無法提供必要的情感價值時，另一方可能就會出軌。因為戀愛時，我們通常只會看到對方的優點；但結婚後，因為彼此之間的距離消失了，會發現對方的一些缺點，這時更需要我們接納和包容彼此。

(三) 婚姻和諧能促進自我成長和事業發展

　　對於多數人來說，男人離不開女人，女人也離不開男人。婚姻幸福的男女更能靜下心來經營事業，婚姻和諧才能促進個人成長和事業發展！

上篇　婚姻經營之道

　　我們要設法讓婚姻產生 1 ＋ 1 ＞ 2 的效果，可現在很多的婚姻卻是 1 ＋ 1 ＜ 2。婚姻內耗過多，對雙方的事業和生活都會有很大的影響。很多年輕人往往很重視事業，卻不善於經營婚姻，也不願意在婚姻方面花太多時間和精力。

二、夫妻相處的原則

　　夫妻關係不融洽，很多是丈夫或妻子過於以自我為中心引起的。他們認為，既然是夫妻，就可以無所顧忌、為所欲為。雖然夫妻之間不分你我，是最親密的人，但也要注意分寸。也就是說，夫妻之間一樣要講究人際關係的基本原則，這對於維持和諧的夫妻關係非常重要。

（一）平等原則

　　平等是人際關係的前提。每個人都有獨立的人格，人與人之間的關係是平等的，不能因為出身、家庭、經濟收入和長相等差異而對人另眼相看。夫妻之間是平等的，因此，任何一方都不能只看到自己的優點而盛氣凌人，也不必因為自身的弱點而盲目自卑。

（二）尊重原則

　　希望被人尊重是每個人內心的需求。每個人都有自尊心，因此要注意尊重的原則，不損害他人的人格和名譽，尊

重他人的生活習慣、愛好和隱私，不因經濟狀況的差異、地位高低而歧視他人。夫妻之間互相尊重是人格平等最基本的要求，因此，夫妻之間即使吵架也不能有侮辱性發言。即使婚前對方可能有過錯，也不能人身攻擊或侮辱。

(三) 真誠原則

　　心理學家認為，人際關係中最重要的特質是真誠。表裡如一、坦誠直率、言行一致、信守諾言的人才能贏得他人的喜愛。夫妻之間需要尊重各自的生活空間和隱私，不要互相欺騙和隱瞞，更不要信口開河，隨意承諾。輕率承諾又不兌現，最終會失去對方的信任和尊重。

(四) 包容原則

　　世界上沒有兩片完全相同的樹葉，更沒有兩個完全相同的人。每個人都有自己的個性、優點和缺點。只有以包容的態度對待他人的錯誤和缺點，不斤斤計較，才能形成良好的人際關係。

　　婚姻更是如此。婚姻最終能相扶到老，最重要的原因也是包容。因為夫妻二人成長的環境不同，接受的教育和為人處世、待人接物的方式也差很多，此時，如果雙方無法接納彼此的不同，不願包容，他們的婚姻就會岌岌可危。如果兩個人在各方面很接近，尤其在世界觀、人生觀和價值觀上一

致，有共同追求的目標和方向，雙方就更容易彼此協調，也會磨合得更好，矛盾和衝突也會變得更少，婚姻也會更幸福。

（五）互助互利原則

人際關係是以能否滿足交往雙方的需求為基礎。如果交往雙方的心理需求都能被滿足，其關係就會繼續發展；如果只想獲取，不想給予，那麼人際關係就無法維持下去。夫妻也一樣，如果只是一個人一味地付出，而另一個人一味地索取，那麼這段婚姻最終很難維持下去。

夫妻之間的互相幫助不是指簡單的物質上的幫助，更重要的是感情上的交流、精神上的慰藉，以及對痛苦的分擔。這種精神上的互助對人而言更為重要。

人際關係是一個社會交換的過程，人們之間的所有活動都是交換。交換關係中的每個個體都會評估自己和他人的付出與受益。如果覺得付出與回報大致相等，他們就會認為這種社會關係是公平的，而這種公平的關係比較穩定和愉快。結婚的目的是認為兩個人一起生活比一個人單獨生活更快樂、更滿足。因此，互惠互利是婚姻中一個很重要的原則。無論是丈夫還是妻子，如果只想索取而不願付出，那麼婚姻一定會出現難以調解的矛盾，最終將導致婚姻關係破裂。所以，無論是丈夫還是妻子都應盡量到「婚姻銀行」裡存錢，

而不是從「婚姻銀行」裡不斷提款甚至透支，最終導致婚姻亮紅燈，甚至解體。

(六) 親密有間的原則

距離產生美，所以夫妻雙方要保持適當的距離。一個剛結婚的同事，他的妻子週末去參加高中同學會。我們開玩笑說：「老婆和同學一起玩，你不擔心嗎？」同事笑著說：「給她自由，就是給我自由呀。」有些人認為夫妻應該互相坦誠，所以手機可以隨時翻看，甚至連對方過去談過幾次戀愛都必須如實相告，這不僅讓對方沒有隱私和空間，更不利於和諧的夫妻關係。每個人都渴望自由，即使是夫妻，也需要尊重對方，允許對方有一定的自由空間和時間。因為，過於親密的愛只會讓人窒息。

(七) 角色互換原則

在現實生活中，我們總喜歡從自己的角度來看待別人，這往往帶有片面性。因此，我們要學會站在對方的角度看問題，學會設身處地替他人著想，將心比心，就能通情達理地理解和原諒對方的行為和態度，而不是一味地站在自己的角度看問題。透過角色互換，學會以客觀的方式對待別人。婚姻出現矛盾和摩擦時，要學會換一個角度看問題，學會站在

對方的立場和角度,將心比心,嘗試去理解對方,而不是一味地鑽牛角尖,這樣只會激起矛盾。

(八)獨立性原則

無論在什麼場合,都要注意保有人格的獨立性。而人格的獨立往往和經濟獨立相關。如果婚姻中的一方沒有工作,沒有收入來源,很難擁有真正的獨立人格。即使妻子一味地順從丈夫,也不一定能得到丈夫的尊重和愛。

(九)夫妻少吵架的七原則

夫妻關係越親密,越關心彼此,就越容易吵架,因為愛之深,責之切。但是,我們要注意以下七個原則。

一是吵架可以,但不能一吵架就提離婚。夫妻之間要有一個約定,那就是不要輕言離婚。

二是控制和管理情緒。吵架的時候,很多人控制不住情緒,難聽的話就會脫口而出,有時就會傷到對方。所以,夫妻之間一定要注意控制和管理好自己的情緒,以免口無遮攔傷及夫妻感情。

三是家不是講道理的地方,而是培養親情的地方。不要凡事都爭輸贏。即使吵架贏了,輸了感情,最終你還是輸了。

四是吵架不要翻舊帳。以前吵過的事不要再拿出來吵，不要糾結過去，尤其不要追究妻子或丈夫婚前的事。人最重要的是活在當下，而不是活在過去。

五是主動認錯。主動認錯的人往往是愛得更多的人，更願意努力維持婚姻。

六是吵架不能口出惡言，更不能責罵對方的家庭。我們不能指責或批評對方的家長，議論對方的家人。這不僅是個人的修養問題，也是在維護家庭和諧，因為我們沒有資格去批評或指責對方家庭中的人和事。

七是多原諒，少責備。生氣時要先撫平自己的情緒，如果無法控制最好不要說話。

兩個沒有血緣關係的人想一起生活，最終走完一輩子，如果不掌握一些原則，是無法維持的。當然，人際關係的原則也不是一成不變的，任何原則都只是參考，幫助我們懂得其中的基本規律。

維持良好的夫妻關係是有章可循的，但又有一定的靈活性。

上篇　婚姻經營之道

第二節　婚姻的真相

瓊‧桑德絲（June Saunders）曾在《幸福健康的家庭》（*Happy, Healthy Families*）裡說，家庭是一所愛的學校。很多重要的價值觀念如互相尊重、平等待人、關心他人、寬容忍讓等，都是從家庭中學習而來。如果不將家庭當作愛的學校，而是虐待或排擠孩子，孩子的心靈就會扭曲，心智發展就會出現障礙。如果把家庭當成愛的學校，孩子會在家庭中學會愛父母、愛同伴，成家後愛配偶、愛孩子。

但婚姻不僅僅有愛，婚姻還會經歷高峰和谷底、健康與疾病、年輕與衰老、富足和貧窮，因此維繫婚姻不能僅依靠愛情，還需要有責任和包容。

現代社會正在向婚姻施加巨大的壓力，並且破壞長期的婚姻關係。這些趨勢使得人們的婚姻和社會關係變得更為複雜。我們無法預測我們所選擇的伴侶是否能滿足長期婚姻的要求，各種因素導致的婚姻不幸往往使得人們更願意離婚，而不願意改變自己或者改善彼此間的關係。

那麼，還有哪些是我們不知道的婚姻真相呢？為什麼我們帶著美好的愛情和願望走進婚姻，最後卻發現我們在婚姻中痛苦失望，甚至傷痕累累？

為什麼婚姻會有問題？如何提前預防？如果了解婚姻的

第一章　婚姻有規律

真相遠不如我們所期待的那麼美好，也許我們就不會過於期待一段美滿婚姻，減少婚姻中的衝突和矛盾，減輕煩惱和痛苦，建構和諧的婚姻生活。

一、婚姻發展有規律可循

婚姻心理學就是研究戀愛、結婚、婚後、離婚、再婚等過程中人的心理現象及其發生發展規律，以及運用心理學的原理和方法解決婚姻問題的科學，可分為戀愛心理學和婚姻心理學。

因此，戀愛和婚姻問題都是有規律可循的。如果我們了解並遵循這些規律，對婚姻抱有實際的看法，丟掉不切實際的幻想，運用這些已知的規律，就能妥善處理婚姻生活中的矛盾和挫折。只要有堅定的信念一直走下去，不逃避問題，不以離婚的方式解決，那麼大多數情況下，婚姻會有一個更好的結局。

二、優秀的伴侶更容易讓人喜歡

優秀的男人和女人有時很難專屬於一個人，他們會變成大眾情人。

因為大家都有追求美好的願望，好東西大家都想要，更何況是優秀的人呢？所以，現實生活中才會出現出軌等問題，因為優秀的伴侶往往更讓人喜歡。

上篇　婚姻經營之道

三、婚姻之愛是有條件的，成功的婚姻只有愛是不夠的

曉曉因為男友在她生日的前幾天向她提出分手而走進我的諮商室。她說，她和男友從高三開始談戀愛，後來考上了不同的大學，相隔很遠，雖然知道一定會分手，但她沒想到這麼快。她和男友在電話裡吵架後，生氣地封鎖男友，而男友也立即封鎖她。隨後，她向男友認錯，承認自己太任性了，可男友卻真的提出分手，說她一發火就會口無遮攔地罵他，他不想再受傷了。雖然此後她多次希望男友原諒她的任性，不要分手，但男友態度堅決。曉曉說他們戀愛一年多了，男友非常寵她，無論她怎樣打罵男友，最終都是男友道歉、認錯，然後哄好她。

正是男友的一再遷就和忍讓讓她誤以為自己可以無理取鬧，以為男友就是無條件地愛她、寵她、讓著她。但這一次男友的決絕讓她明白，他是真的要和自己分手了。

我告訴曉曉，沒有人會無條件地愛一個人。如果不明白這個道理，一味地任性、無理取鬧，甚至用惡毒的語言刺激或侮辱對方，那麼對方一定會離開。

每一個將要經歷愛情或正在經歷愛情的人一定要明白，所有的愛都是互惠互利的。如果女孩誤以為男人應該無條件

愛你,甚至以傷害男人的自尊為代價,那麼這種愛注定是一場悲劇。

因此,希望年輕的男女都要學會經營愛情,不要奢望有人會無條件愛你一輩子!

戀愛如此,夫妻之間的愛也是有條件的,付出和回報要平衡,因為婚姻是合作關係。很多深陷痛苦的夫妻感嘆:為什麼我們明明相愛,到最後卻要分開?那些讀過的童話故事,從此王子和公主幸福地生活一輩子,或是浪漫的愛情肥皂劇以為結婚後只要有愛情就可以解決婚姻中的所有問題。事實上,僅有愛情無法避免婚姻矛盾,也不能解決婚姻問題。唯有婚後用心經營和呵護才能維持長久的婚姻。

四、小改變也可以有大效用

很多人在婚姻瀕臨破裂時都期待對方能先改變。他們認為只有對方改變了,婚姻才可能改變。這種錯誤的想法導致人們不願努力挽救婚姻。事實上,只要其中一方能有一小小的改變,就可以大大改善婚姻。所以,我們應先從自己主動改變開始。

五、每個人都帶著原生家庭的痕跡

結婚後,我們都希望不要犯原生家庭父母所犯的錯,但很多時候,我們卻總是會受到原生家庭的生活和教育模式的

影響，不知不覺地模仿他們的婚姻模式及養育子女的方式。在面對婚姻矛盾時，我們需要反省自己，是否有原生家庭帶給我們的不良影響，才能主動調整自己。

梅姐母親早年病故。父親再婚後，家裡經常因為經濟困難而吵架。梅姐發誓婚後不要像繼母一樣在家裡大聲訓斥丈夫和孩子。然而，婚後多年，梅姐驚訝地發現，自己越來越像繼母，經常教訓丈夫和兒子。梅姐說，她以前那麼痛恨繼母的教育方式，沒想到結婚後，自己和繼母一樣，原來原生家庭對她有這麼大的影響。

六、夫妻不可能絕對平等

原則上夫妻雙方是平等的，但婚姻生活中不可能實現絕對的平等。在家庭生活中，總是一個人愛得多一點，一個人愛得少一點。凡事少計較，多寬容，多體諒，相互遷就，相互妥協，這樣的婚姻才會幸福美滿。

七、婚內性生活不和諧

從相戀到結婚再到生子，生活的瑣事、工作的勞累、照料孩子的辛苦，總會讓人精疲力竭和疲於應付，於是性生活和諧有時會成為婚姻生活中的奢侈品。然而，性生活是夫妻生活中很重要的一個環節。它對於夫妻而言，是一個重要的

情感交流方式。如果性生活不和諧,就會影響雙方的感情,更有可能導致家庭關係的破裂。

八、自我意識強的人渴望獨立、自由的婚姻

傳統的婚姻給人們的約束很多,幸福的婚姻應該是一種積極的肯定,願意和另一個人共同成長,增進感情,所以它應該是獨立的、自由的,而不是封閉的、受限制的。

傳統的封閉婚姻是排外和占有,只懂得依賴且漠視自我的愛,要求對方放棄很多屬於自己的東西,否定個人成長和自由,認為彼此就是對方的全部,每天努力滿足對方而失去自我。

獨立、自由婚姻的意義是一男一女結合,但各自不失其本性,各有自己生存的意義而和對方共同生活。

就目前而言,更多的家庭是介於傳統封閉的婚姻和開放的婚姻之間,允許適度的對外獨立和自由。

九、當愛情轉變成親情,婚姻才更加穩定

當愛情變成親情,雖然失去了那份激情,卻無法割捨,因為親情是我們一生的牽掛和思念!

婚姻能堅持到最後是因為親情和習慣,絕不僅僅只是因為愛情。愛情很短暫,但親情卻是永恆的。

十、擁有一個真實而非完美的婚姻

這個世界上不存在完美婚姻,任何婚姻或多或少都會有瑕疵、不滿和失望。人無完人,伴侶不可能滿足你的所有期望。美滿的婚姻需要接受婚姻中的部分不完美,因為這才是真實的婚姻。漫長的婚姻會遇到各式各樣的狀況、問題、困難、挫折,但最終因為我們彼此珍惜,互相寬容和接納,最終我們幸福地執子之手,與子偕老。

第三節　了解男女的差異

男女衝突來自誤解,而誤解大多來自差異。衝突減少的條件:溝通、理解、尊重、愛和自由。男女差異主要有:追求的差異、生理的差異、語言表達的差異、需求的差異等。

約翰‧格雷(John Gray)博士在《男人來自火星,女人來自金星》(*Men Are From Mars, Women Are From Venus*)中詳細介紹了男女的差異,無論男女有多少差異、各自有哪些缺點,婚姻經營的祕笈就是了解男女差異後求同存異,就可以和諧相處和幸福生活!

男女來自不同的星球,說不同的語言,需要不同的養分。因此,我們需要了解男女的差異,不要試圖改變對方,不要越俎代庖,而是需要多多溝通,尊重和包容彼此的差

異,接納對方的一切。

有人把普通人的婚姻分為三等:上品、中品、下品。上品的婚姻就是兩個人的心中都充滿愛,會為對方改變自己;中品的婚姻就是兩人心中尚存有愛,因此會相互遷就和忍耐;下品的婚姻就是兩人已經沒有愛了,既不願改變也不願忍耐。幸福的婚姻不是沒有問題的婚姻,幸福的婚姻是善於解決問題的婚姻!

因此,我們需要在了解男女差異的情況下,嘗試了解對方需求,接納、包容、理解和滿足對方,優先改變自己,那麼,婚姻才可能和諧。

一、追求的差異

男人在婚姻中需要獲得女人的尊重。男人藉著事業的成就和能力來建立自尊心,怕自己無能、事業失敗、被批評、被羞辱;想被無條件接納;重視上下級關係;喜歡幫人解決問題;碰到壓力的時候,喜歡自己獨處,需要自由空間,自己紓解壓力。

女人多半希望在婚姻中獲得愛,女人對「有意義的情感連繫」非常重視;怕落單,怕被拋棄,怕失去親愛的人和擁有的房子、家庭,怕被忽略、怕失去關係;在乎在所愛的人

心中的地位，重視平等關係；需要被了解和被傾聽，特別是有壓力的時候，喜歡找人聊聊。

二、生理導致的差異

男女生理差異顯而易見。多數的男人比較強壯，女人比較柔弱。體力工作更適合男性，精細的工作更適合女性。在生活中，即使說同樣的話，男人和女人的反應也常常不同，同一句話背後的意思也不一樣。比如：女人說「我沒有衣服了」，大部分是想說「我沒有新衣服，我要去買衣服了」；而男人說「我沒有衣服了」，更可能是「我沒有乾淨的衣服可以穿，該洗衣服了」。

三、愛的語言差異

《愛的五種語言》(The Five Love Languages) 是美國人蓋瑞・查普曼 (Gary Chapman) 所寫，該書介紹了如何處理與朋友、鄰居、配偶、小孩、同事，甚至所有的人際關係。五種語言為精心時刻、精心禮物、服務行動、身體接觸和肯定的語言。男人女人對愛的語言的理解是不同的。因此，伴侶需要了解對方的成長背景，互相多溝通才能了解對方渴望的愛的語言。

四、語言表達的差異

洪蘭曾說，女人平均每天要說兩萬多個字，男人平均每天要說七千字。因此，女人天生愛說話。相比其他階段，婚姻中的女人通常會變得更嘮叨。

面對女性的嘮叨，男性需要了解女性嘮叨背後的需求。首先需要理解和接納。感情流動的第一要素是交流，才能懂得對方要什麼。而女性喜歡透過語言表達各種情緒和需求，因此男性需要讀懂女性嘮叨背後的期望和需要，如渴望關注，透過嘮叨希望得到陪伴、增進親密感。也有透過嘮叨表達愛意和關心，比如叫你少喝酒、開車注意安全等。

五、男女需求的差異

女人需要感同身受，渴望對方有一雙傾聽的耳朵，但男人誤以為女人需要他幫忙解決問題，因此一味地建議，結果導致女人越來越生氣。

曉麗是心理諮商師，因為長期傾聽求助者的故事，所以也很渴望丈夫的陪伴和傾聽。每次曉麗和丈夫分享她的煩惱或者家務時，丈夫總是會立即告訴曉麗應該怎樣處理。但曉麗需要的並不是丈夫的建議和說教，而是一個安靜的聽眾。當曉麗再一次和丈夫分享她的煩惱時，丈夫又習慣性地告訴她該如何處理。曉麗生氣地說：「你能不能耐心聽我說完，

我不需要你的建議。我知道該怎麼做，我就是想說說話，你耐心聽就好了。」

一般來說，男人需要的是女人的認可和接納，甚至是欣賞和仰視；女人需要的是男人的愛和傾聽。

每個家庭、每對夫妻都是不同的，沒有千篇一律適合所有人的婚姻法則。如果我們希望維繫長久的婚姻關係，必須了解彼此的差異，接納和尊重彼此，婚姻才能奏出和諧之曲！

第二章　婚姻的智慧

有很多前來諮商的人問我：為什麼每次和丈夫（妻子）說話都會吵起來。而且有時候還會惹惱對方、傷害對方，甚至到最後以冷戰或離婚收場。不僅讓雙方都不痛快，還會影響到日常工作。

其實，夫妻之間有爭吵很正常，但如果總是吵架，那八成在於不懂得溝通。如果你想要讓婚姻變得幸福、美好、簡單，就要學習一下溝通的技巧。

第一節　夫妻溝通之道

一、說話要適度，別什麼話都說

雖說夫妻是最親密的人，但也要注意分寸，要懂得適度。什麼話能說，什麼話不能說，要分清楚。有些祕密和隱私會影響夫妻關係，沒必要都告訴伴侶，比如與前任的故事、個人隱私等。因為如果你把過去的事開誠布公，反而會讓另一半心生芥蒂，從而影響夫妻之間的感情。

妻子在婚前與別人戀愛時有性行為，也流過產。婚後，為了表達對丈夫的愛，她將這一切都告訴了丈夫。本來，丈

夫很愛她。但自從知道這個祕密後,他就受不了了,也因此經常打罵和折磨妻子。雖然他很愛妻子,但就是控制不住,腦海裡總會浮現妻子和別的男人在一起的畫面。最終丈夫忍無可忍,便主動提出離婚。

當然,說話要適度,不僅僅在於要保留隱私,同時也要少說或盡量不說不信任對方的話、貶損對方的話、責怪對方的話、絕情的話等等。

二、欣賞和讚美對方

兩個男人出去打獵,各打了兩隻鳥。

第一個男人回家,妻子一看,便生氣地罵道:「你這麼沒用,出去一天竟然只打了兩隻鳥,我和孩子要吃什麼。你一點用都沒有,我和孩子怎麼能依靠你這種人。」丈夫心想,因為下雪,獵物很少,好不容易打到兩隻鳥,居然還被妻子責罵。於是,第二天,他出去打獵時乾脆跑到朋友家喝茶聊天,回家時,什麼都沒帶回去。

第二個男人回家,妻子一看丈夫打回來兩隻鳥,便立即跑過去擁抱丈夫道:「你真了不起,這麼冷的天氣,你還能打到兩隻鳥,難怪別人都說你打獵很強。有你這樣的丈夫,我和孩子也很有安全感。」於是,她趕緊端上熱騰騰的飯菜給丈夫吃。第二天丈夫回家,帶回了更多的獵物。

任何人都希望得到欣賞和認同，尤其男人。夫妻之間，多說一些讓對方開心的話，換來家庭的幸福，何樂而不為呢？

有人說，有智慧的妻子懂得滿足丈夫的虛榮心，會經常誇獎丈夫，丈夫就會心甘情願地做事。有些女人總是一副高高在上的樣子，看不起丈夫，經常把丈夫貶得一無是處，結果她的丈夫就真的很沒用。女人最後得到什麼好處了嗎？她什麼都得靠自己，累得要死。

責備和抱怨是婚姻中的致命傷。對方不會因為你的責備而改變自己或認錯，只會百般辯解。責備和抱怨只會破壞關係。如果你不想讓對方放棄努力，那麼就請用欣賞的眼光看對方，多讚美對方，多誇獎對方。

不要吝嗇你的讚美，要懂得讚美，善於讚美，把你的讚美留給你最愛的人，因為它是很重要的愛情保鮮劑！

三、不做無謂的爭執

有些人總是喜歡糾正別人的錯誤，總認為自己永遠是正確的。其實，每個人的生活方式不同，對生活的態度也不一樣。尊重別人，就是尊重自己，別把時間和精力浪費在無謂的爭執上，我們可以省下更多的時間和精力去做我們應該做的事。無論是在社會還是在家庭，只要我們用一顆包容的

心，學會接納不同的人和事，我們就能活得更輕鬆，也可以活得更自在！人生不過幾十年，不必過於認真，尤其是和家人。夫妻之間盡量不要起爭執，多聽聽對方的想法，別總想反駁對方，這樣溝通也會變得更順暢，感情也會更好。

小梅告訴我，她以前很喜歡和人爭吵，尤其是和自己的丈夫。無論丈夫說什麼，她總喜歡反駁他。雖然她很愛自己的丈夫，可和丈夫的關係卻不好，她感到很累。

小梅說現在四十幾歲了，感覺這樣繼續爭吵也沒用。而且，她覺得爭吵很傷感情。後來她開始提醒自己，盡量不要和別人爭執，更不要和丈夫爭辯。現在的小梅無論丈夫說什麼，她都笑著聆聽，即使自己不認同，她也會說丈夫講得有道理。從此，她和丈夫再也不吵架了。她感到很輕鬆，丈夫也開心多了。

四、學會聆聽

不少妻子抱怨丈夫在家不愛講話，尤其是事業心比較重的丈夫，他們在家很少說話。實際上，很多丈夫渴望有女人能專注地、耐心地聽他講話，只是很多妻子不懂得聆聽。

一日，我陪女性友人去吃飯。她是一位氣質高雅的美人，請吃飯的是一位身居要職的高階主管。席間，我幾乎沉默，只聽見平日裡威風凜凜的高階主管，在我朋友面前口若

懸河，誇誇其談。

正當我納悶時，只見朋友一隻手撐在桌上，另一隻手掌撐著臉，睜大雙眼，凝視著這位主管，專注地聆聽，一邊聽一邊不停讚美：「對呀，聽說那次事故是您親自到場處理的⋯⋯」、「真的，難怪他們都說您工作有魄力，我好佩服。」

這位男人在我們面前大聲談論他的「豐功偉業」。而我朋友時而誇獎他、讚美他，時而又挑起新的話題，激起他講話的欲望。更主要的是，她全神貫注聆聽的表情，那專注的、發自內心欣賞的神態⋯⋯深深刻在了我的腦海裡！

任何一個男人遇到如此專注聆聽自己講話的女人，能不口若懸河、充分表現自己嗎？

男人不是不愛講話，而是女人不懂得如何聆聽及引導，激起他講話的欲望。當男人遇到無法解決的煩惱時，他們也渴望能敞開心扉，向人傾訴自己的心理話。

在成為心理諮商師後，我養成了傾聽的習慣。時常有男人遇到情感煩惱時會主動找我來傾訴。男人會藉著酒後的醉意和我的鼓勵，把心中的煩惱說出來，有時一個人就說一個多小時。說完後，他們會握著我的手說：「謝謝你聽我說了這麼多，我現在好多了。」我看到一些男人因家庭或感情的事煩惱時，就對妻子發脾氣。我問他們：「你們為什麼不找男人談談呢？就像女人如果有煩惱，也會和同性朋友說說一

上篇　婚姻經營之道

樣，說完就沒事了。」

所以，智慧的女人要給男人說話的機會，耐心地聽他講話。當我們能閉上嘴巴，靜下心來，用心傾聽男人時，我們會發現男人比我們想像中好很多，而且我們在感情方面的煩惱也一定會比過去少很多！記住：當我們傾聽他們說話時，不要打斷他們、責備他們，否則他們剛開口講話就會因你的責備而閉口不談了。一定要給男人講話的機會，這樣你會發現你們的關係會變得越來越和諧幸福。

五、有效表達你的愛

愛不僅是用行動表達，也需要及時透過語言來表達。婚姻的煩惱常常是不善於和不願意表達自己的真實感受，從而產生很多誤會和痛苦。

第二節　培養愛的能力

一、婚後要有一定的自由

如果夫妻二人各代表一個圓，當兩個人的圓完全重合時，就是過度的糾纏關係，但這並不是最理想的婚姻關係。理想的婚姻關係應該是互相交叉的兩個圓，既有各自的獨立空間，又有相互交叉的集合區（見圖2-1）。讓人舒服的婚

姻，就是在婚姻關係中，雙方都允許有一定的自由空間。如果兩個圓沒有任何相交，是完全分開的，那是同床異夢的婚姻，這樣的婚姻也不美滿。

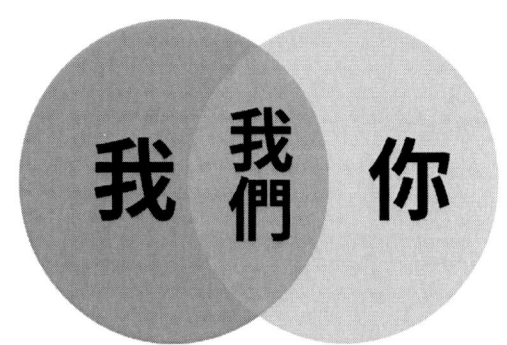

圖 2-1　理想的婚姻關係

二、愛需要互相給予

好的婚姻是夫妻互相給予，而不是互相索求。然而，很多人認為愛一個人就應該無條件付出。他們仗著對方更愛自己，便肆無忌憚地一味索取。殊不知，短期還好，時間一長，總是一方付出太多，另一方付出太少，愛情的天平就會傾斜，這段感情也會很容易出現問題。因為無論是誰，總有疲累的一天。這時，正確的做法是另一方要及時調整、平衡這個天平，對伴侶的付出表示感謝，然後給予回報。夫妻之間只有互相主動給予、心甘情願地付出，才能讓夫妻關係變得越來越好，讓婚姻生活變得更加和諧幸福。

三、婚後需要提升自我

一段成功的婚姻，就是婚姻雙方都不能失去自我。在婚後生活中不斷提升自我，保有自身的魅力，保持愛情的熱度。

然而，很多人卻忽視了這一點。我的一個患者曾對我說，她為了這個家，辭去了自己心愛的工作，在家相夫教子多年，最後老公卻向她提出離婚，理由是和她沒有共同語言。她痛哭道，自己為了這個家付出了那麼多，最終卻落得這種下場。所以，進入婚姻中的我們一定不能忽視提升自我，要與自己的伴侶共同進步。

四、愛他人之前先愛自己

一個人只有先愛自己、珍惜自己，才有能力去愛別人、珍惜別人。

當女人遇到一個愛她超過愛自己的男人時，千萬不要太高興。可能就在你發現你們不合適、想分手時，他會做出一些極端的行為。一個把愛情當成生命的唯一，近似偏執地愛著你的男人，你敢去愛嗎？他連自己都不愛了，他還有能力愛別人嗎？

當女人深愛丈夫，卻忽視了關愛自己、提升自己，又怎能和丈夫比翼雙飛，繼續讓愛情保鮮呢？

所以，無論什麼時候，都要記住一點：愛人之前，先愛自己。當你夠愛自己時，你就不會那麼不平衡，這樣既有利於個人的身心健康，也能讓你有更多的能量去愛他人！

五、換位思考，尋找自己的問題

婚姻是兩個人的事。當婚姻出現問題時，我們不能將責任歸咎於任何一方，而是要懂得換位思考，多多反省。換位思考是解決矛盾最高明的方法。

當你和愛人發生衝突時，先冷靜下來，站在對方的位置思考問題，這種感同身受能讓你重新審視自己，最終解決問題。

六、成為被對方需要的人

馬斯洛需求層次理論告訴我們，「被需要」能體現我們的個人價值。確實，很多人希望自己是一個「被需要」的人。因為當你「被需要」時，你會覺得自己被認可了、被重視，從而會讓你感覺自己更有存在的價值以及更幸福。

夫妻之間只有不斷滿足對方被需要的感覺，彼此之間的關係才會更長久更和諧。

七、不要試圖控制和改變對方

霞姐年輕時是一位美人，在家中她擁有絕對的主導地位。今年五十五歲的她，總結自己三十年的婚姻和家庭生

活，提出的忠告是：不要試圖改變和控制別人！

霞姐的丈夫非常愛她，但霞姐卻不能忍受丈夫做事拖拖拉拉、不認真。結婚後，霞姐一直想幫助丈夫改掉這個壞毛病。但是，三十年的嘮叨、責備，也沒有讓丈夫改變，丈夫依然我行我素。最終，霞姐想通了，覺得自己這輩子犯過最大的錯就是試圖去控制和改變丈夫。

控制和改變別人，是一件很累的事，也經常吃力不討好。所以，當你想控制和改變別人時，不妨睜一隻眼閉一隻眼，順其自然，讓他們按照自己的意願過生活，放過他們也放過自己，那樣才能收穫快樂和幸福。

第三節　婚姻需要珍惜

很多沒有離婚的夫妻，不是因為他們非常恩愛，也不是因為很適合，而是他們無論怎樣爭吵都從未想過離婚，因為他們懂得珍惜。

人們越來越要求婚姻品質，女性的經濟獨立能力也越來越強，離婚率也隨著女權提高和經濟能力的成長而上升。尤其很多獨生子女，習慣了唯我獨尊，不懂得寬容和諒解，不願意委屈自己，在婚姻中不懂得堅持和珍惜，所以離婚率就更高了。

第二章　婚姻的智慧

婚姻能走到最後並不完全是依靠愛情維繫，而如結婚誓言一樣，「我願意她（他）成為我的妻子（丈夫），從今天開始相互擁有、相互扶持，無論是好是壞、富裕或貧窮、疾病還是健康都彼此相愛、珍惜，直到死亡才能將我們分開」。因此，在漫長的婚姻之路上，夫妻要互相忍耐，互相包容，互相尊重，互相合作。

一、互相包容

結婚是兩個有缺點的人互相合作、互助互惠。一個善於接納對方缺點的人，才是沒有缺點的人；一個總是挑對方毛病的人，才是有缺陷的人。婚後我們不能一味地想去改變對方。改變別人的唯一方法，就是先改變自己。

鑫美在第一段婚姻中，她總想讓丈夫變得更好，總是試圖去改變他，最後雙方精疲力盡，以離婚收場。第二段婚姻，鑫美選擇了一個愛她的男人。也許鑫美愛得不夠多，所以不太關注丈夫，覺得丈夫和她是兩個世界的人，互不打擾就好。丈夫喜歡打麻將，鑫美喜歡唱歌、打乒乓球。因為公司遷到另一個城市，丈夫離開了原先那幫牌友。鑫美自顧自地唱歌、打乒乓球。失去牌友的丈夫，偶爾和鑫美待在一起時，發現鑫美唱歌很好聽，乒乓球也打得很好。最終，丈夫也和鑫美一起唱歌、打乒乓球，他們的共同話題也變多了。

（一）互相尊重是婚姻美滿的保證

夫妻就像天平的兩端，只有彼此平等尊重，婚姻才不會傾斜。尊重對方，那麼另一半也一樣會尊重你。

（二）互相成就有利於讓婚姻的和諧

婚前我們要講究緣分，還有講究相愛，但婚後互助互惠比較重要，要互相幫忙、互相成全，這樣在婚姻中雙方都能受益，就不會輕言離婚。

（三）雙贏讓婚姻生活更舒服

婚姻是兩個不同個性的人一起經營家庭，那麼就要合作雙贏。與其糾正對方，不如尊重對方的個性差異。人生短暫幾十年，與其痛苦地改變對方，不如允許對方做他自己。婚姻最理想的狀態，就是讓彼此在婚姻關係中感到舒服，做真實的自己。

二、彈性處理婚姻角色

不管丈夫與妻子在家庭生活中的角色如何，都只是家庭分工的不同，兩者缺一不可，都是為了家庭幸福而努力罷了，無所謂主角和配角。

不過現代社會對婚姻角色的定位有了更多的變化，一成不變的婚姻角色變得更有彈性，婚姻雙方必須協商，而不再

僅僅是一方做主。有些家庭男主內、女主外，雖然這不是傳統的婚姻模式，但只要身在其中的雙方均能接受就可以。一般來說，非傳統的婚姻模式承受的社會壓力會更大，需要雙方有足夠的心理準備。當然，雙方也可以是平等合作的關係，有事就互相協商，尊重雙方的共同意願。

三、相守一生需要包容、珍惜和妥協

婚姻長久並不是因為合適，而是兩人願意珍惜和相守一輩子，願意不離不棄。決定婚姻天長地久的不是自由，而是矢志不渝的承諾。

結婚後互相包容和忍耐、體諒和寬容是維繫婚姻關係最重要的因素。那些能一起走完人生的夫妻，沒有什麼祕訣，就是能一起堅持和珍惜。多數夫妻生活都不是一帆風順，有快樂也有痛苦。能夠使婚姻長久的是包容、責任、堅持和珍惜。

一對相守六十年的老夫婦在接受採訪時被問道：「請問兩位是如何攜手走過這麼多年的？」

年邁的丈夫笑著說：「我捨不得離開她，因為她實在是太好了。」

「那麼，您的愛人就沒有什麼缺點嗎？」記者接著問。

老人笑著看自己的愛人繼續說道：「缺點嘛，當然有啊，她總是說我襪子太臭，還說我忘記幫花澆水，她還總愛把那

些老閨蜜帶到家裡來，吵死了……」

「那麼，您會生氣嗎？會不會和愛人吵架呢？」記者問。

「吵架？才不會呢，我喜歡她做的飯，為了這一點，她的缺點我都能包容，畢竟沒有誰比她做飯更好吃，如果我不珍惜這個老太婆，我就要餓死了！」說完，老人看著愛人，兩個人哈哈大笑。

到了晚年回憶這一生我們會留念什麼？計較什麼？最在乎什麼？我們一定希望能記得那些滿滿的愛和回憶。這些愛來自我們最親密的戀人、愛人、伴侶、孩子、父母、親人、朋友、同事等等。既然如此，我們為什麼不好好地愛他們？

婚姻是兩個人互相包容。不懂得包容的人是無法與人長久相處的，而婚姻恰恰就是要和一個陌生人長久相處。因此，婚姻能攜手走完一生，絕不是因為合適，而是因為珍惜和堅持。

婚姻是相互包容，而不是彼此博弈，當夫妻間產生矛盾的時候，也不是一定要爭論誰是誰非，否則即使贏得了爭論，也會輸掉感情。相反，如果一方懂得率先讓步認錯，而另一方也選擇寬容對方的錯誤，一段感情才有可能繼續開花結果。

十五年前，一對相戀三年的準新人，在舉辦婚禮的前幾天卻突然宣布取消婚禮，原來女方突然要求男方增加十萬元的聘金，男方為此很生氣，乾脆一刀兩斷。

第二章　婚姻的智慧

　　而此時，女方早已通知自己的親友來參加婚禮，突然取消婚禮的消息讓女方措手不及，在旁人的勸說下，女方也意識到自己的錯誤。於是立刻向男方真誠道歉。男方與女方相戀三年，兩個人也曾互相幫助、經歷過不少困境，又是真心相愛。男方心想：人無完人，知錯能改善莫大焉。於是，他原諒了女方及其家人，婚禮才得以如期順利舉行。

　　結婚後，兩個人一起努力，日子過得很好，還在十年內還完了房貸，買了一輛車。現在他們的女兒都已經十二歲了，是一位亭亭玉立的女孩，兩個人的生活幸福美滿。

　　女孩經常感嘆：幸虧你當初包容我，要不然我哪能有這麼好的生活！

　　男孩也總是說：其實婚後你也包容我很多，不然大概會天天吵架！

　　如果婚姻中少了包容和接納，那麼，想堅持下去就不容易了。婚姻不是因為兩個人合適才走完一生，而是兩個人能互相包容和接納。很多人年輕時不懂得包容，總希望對方改變。因此，年輕的男女一定要明白：結婚有了孩子後，要懂得包容對方，因為有共同的孩子、共同的經歷，朝著共同的目標努力，婚姻才有未來。

第四節　享受夫妻生活

婚姻生活中，性的滿足是婚姻成功的重要條件。一般而言，婚姻越幸福，越可能擁有美好愉悅的性生活。美好的性生活，又有助於感受婚姻的滿足感。

隨著生活品質以及認知水準的提高，人們對性愛的要求也高了，性愛是愛情的一部分，對於婚姻十分重要！婚姻生活是否美滿，性不是唯一的因素，但夫妻能享受完美的性愛，婚姻生活會更加錦上添花！

但婚姻研究顯示，性也並非無師自通，要享有完美的性生活，就必須學習。提高性生活品質，要注意以下幾個問題。

一、彼此真心相愛，增進平時感情

有人說因性而愛，也有人說因愛而性。但我認為不管如何，夫妻雙方在日常生活中也要增進感情。製造一些浪漫情調，加深彼此的感情和依戀，這樣才會讓你們的夫妻生活變得更加美好。

二、保持身材，提高視覺吸引力

有愛的同時，性行為也很依賴視覺，尤其是對彼此身體的吸引、渴望和迷戀。人天生愛美，因此夫妻雙方都應注意

自己的形象，盡量保有吸引對方的魅力。

多數女人婚前很愛美，但婚後或是生孩子後，就會胖得連自己都不認識；有些男人到中年後，變得大腹便便，這必然會影響視覺吸引力，產生審美疲勞。夫妻雙方要注意合理飲食，經常運動，保持身材。運動不僅能保持良好的體型，還能強健體魄，增強性能力。

有位女士去心理諮商，說丈夫要離婚，不再愛她，很傷心。諮商師和她聊完後，請她回家後去照照鏡子。第二次來時諮商師問她，是否喜歡鏡子中的自己。她說不喜歡，沒想到自己胖得那麼醜。諮商師說，「你都不喜歡自己，別人還會喜歡你嗎？」

其實，不管是女性還是男性，保持良好的體態都十分必要，一是能增進感情，二是也會增加自信心。除此之外，健康的身體也需要我們保持良好體態，過於肥胖常常是很多疾病的誘因。

三、夫妻要積極配合性生活

性的滿足有賴於夫妻雙方的共同參與和積極配合。性就像飲食，都是本能的需求。對性的滿足是對人的尊重，性壓抑會導致性飢渴，最後就會難以抑制。

不少女人生完孩子以後就一心放在孩子身上，對性生活

有些厭倦,甚至拒絕丈夫的性要求。其實,妻子只要積極主動配合,丈夫會很欣慰和感激,對性愛會倍感有趣。

四、多溝通,變換性愛方式和地點

夫妻要經常交流性行為的感受,變換性愛方式,懂得性愛技巧。人們開始講求性生活的品質,夫妻應大膽交流彼此的性感受。

某位女子三十幾歲了,丈夫比她大八歲。兩人是對方的初戀,彼此感情很好,但都很害羞,從不敢交流性方面的問題。兩人都在劇團工作,身材、體形都維持得很好。丈夫是妻子的老師。他們戀愛八年才結婚。戀愛時妻子年齡還小,所以丈夫很克制自己,不敢冒犯她,直到結婚那天才和妻子有性行為。第一次丈夫沒有經驗,妻子落紅後哭得很厲害。丈夫嚇壞了,認為他對不起妻子,覺得傷害了妻子。

從此,他很克制自己,經常等妻子睡著之後才敢上床睡覺。偶爾的幾次性生活也過得小心翼翼,生怕弄痛妻子。如今,妻子三十幾歲了,她很想告訴丈夫她喜歡性生活,希望丈夫在性生活方面可以大膽一點,但因為她一直是丈夫的學生,不敢和丈夫交流性方面的問題。結婚四、五年,為了事業兩個人至今也沒有孩子。兩人都生活得很壓抑,對性生活也都不滿意,卻不敢告訴對方。

有些人很保守,不願意嘗試一些新的性愛方式。其實,夫妻之間只要兩人喜歡,可以嘗試新的性愛方式。有的人喜歡嘗試特別的地點,如果條件允許的話,應積極配合。其實,只要兩人喜歡,有一點變化是很有趣的。

五、性並非總是充滿激情,也並非都能達到高潮

大量醫學案例表明:並非每次性行為都會讓兩人達到高潮,女性的高潮率更是低於百分之五十。所以沒有性高潮也很正常,不要因為沒有達到高潮而愧疚或是意興闌珊。否則,很容易會厭倦或害怕性生活,也就沒有「性福」可言了,這對夫妻的感情十分不利。

對於這種情況,夫妻兩人可以開誠布公地溝通,聊聊彼此的意願和喜歡的方式,這也是專屬夫妻之間的祕密溝通,也是增進感情的潤滑劑。特別是妻子,不要因為傳統觀念的束縛而閉口不談,夫妻之間最重要的就是要坦誠說出自己的想法,然後兩個人共同努力實現。

六、和諧的性關係是雙方均擁有相同的性權利

隨著社會的發展,人們對性的認知也不一樣了,而當雙方都有相等的權利時,才是最愉快,也是最和諧的性關係。

第五節　家務分工合作

家庭分工指的是夫妻分攤經濟活動和家事勞動的比例。男人女人因為生理和心理上的差異而有不同的學習經驗和社會的期待。因此，夫妻的經濟角色和家事角色會有不同的偏向。夫妻如果能在角色扮演上充分地協調與溝通並達成共識，有助於家庭正常運作。

現代社會女性和男性一樣進入職場，但很多家庭妻子還是承擔了大部分家事，當然已有越來越多的丈夫主動參與家事勞動和孩子養育的工作，有的甚至已經成為家庭主夫。研究顯示，如果丈夫不能協助分擔家事，尤其對於職業女性而言，會對其身心健康造成不良影響，進而對婚姻造成傷害。因此，對於雙薪家庭，如何分配家事勞動和承擔孩子養育的責任，需要共同協商。

一、家事分工的類型

穩固的婚姻需要婚後夫妻分工合作，各自承擔自己的責任。家事分工的類型有以下幾種。

(一) 平等互惠型

現代社會，多數家庭是以三口之家的核心家庭為主，由於生活壓力和購房買車等經濟壓力增加，多數家庭夫妻都外

出工作。在這個雙薪家庭中，夫妻需要共同承擔家事勞動。同時，他們也會根據雙方的工作性質和辛苦程度，靈活地處理家事勞動由誰承擔的問題。

小麗剛結婚時工作很忙，家事和孩子都是丈夫承擔。結婚六年後，丈夫當主管變非常忙，無法顧及家事，於是小麗承擔起做家事和管教孩子的重擔。孩子十幾歲後，小麗和朋友一起創辦了一間公司，工作更加忙碌。這時，做家事和管教孩子便由丈夫負責。雖然他們夫妻的工作發生了很大的變化，但他們從沒因為家事爭吵過，因為丈夫認為，男人必須和妻子共同承擔家事。

正因為如此兩人結婚十幾年，依然恩愛如初。

（二）男主外女主內型

傳統華人家庭的分工模式是「男主外，女主內」，而這也是目前不少家庭的分工模式。因此，丈夫要懂得結婚和立業兼顧並重，努力追求事業的進步，讓妻兒衣食無憂。妻子則要主動承擔家事和教育好孩子的重任。

即便妻子是全職太太，也並不意味著所有的家事必須由妻子一人承擔，因為夫妻之間互相幫助也是理所當然的。如果丈夫能夠在工作之餘幫助妻子做一些力所能及的家事，或是幫忙一起帶孩子，都會使妻子感受到自己是被愛的，家庭生活也會更加和諧美滿。因此，丈夫也要主動適度承擔家事。

（三）女主外男主內型

妻子承擔家庭經濟支持，丈夫承擔主要家事勞動。這雖然是非主流的家庭模式，但的確由於身體或其他方面的原因，有些男性不如女性容易找工作，導致也有一些家庭，妻子外出工作，丈夫在家承擔家事和教育孩子。而且，這樣的家庭在逐年增加。

梅梅大學畢業後找到一份好工作，收入很高。丈夫大學畢業後，一直找不到理想工作，收入低，又無法顧及家庭。最後梅梅希望丈夫放棄工作，在家照顧孩子。因此，從孩子國中到高中，都是梅梅一個人工作，丈夫在家承擔家事。兒子考上大學後，丈夫才外出工作。由於兩人認為這只是家庭分工不同，都毫無怨言，因此一直幸福地生活著，令很多人羨慕不已。

二、共同承擔家事勞動好處多

夫妻共同承擔家事對於穩固夫妻感情非常重要。婚姻中，男人不應該認為自己定只要賺錢就好，就當其他事情完全無須插手的「老爺」；同樣，女人也不應該把自己想像成「公主」，養成好吃懶做的個性！婚姻是兩個人的，那麼婚姻裡的家事也應該由兩個人一起分攤。這樣，彼此都能夠藉此感受到自己是家裡的一分子。

第二章　婚姻的智慧

此外，一起做家事效率更高，這樣就能有更多空閒的時間去做自己喜歡的事情。如果所有的家事都是一個人扛，那麼不管這個人是丈夫還是妻子，時間一久難免身心俱疲，從而有煩躁、抱怨的情緒。一方心情不好，必然會牽連到另一方心情也不好，於是看似不起眼的家事小事，卻有可能會鬧成一發不可收拾的場面。

有一對夫妻，他們共同經營一家小公司，兩個人既要照顧家庭，又要忙於公事，因此生活變得十分忙碌。一開始，由於丈夫習慣了不過問家事，現在一起開公司，妻子忙完工作忙家事，累得精疲力盡。為了改變這種情況，妻子與丈夫深入溝通後，丈夫也意識到自己這樣十分不妥。於是，最終兩人制定了一份共同分擔家事的協議。

從此以後，他們按照各自的分工承擔家事和公司的事務，丈夫開始幫忙做飯、洗衣、打掃等，而妻子也會協助丈夫處理一些公司事務，生活變得井然有序。在夫妻二人的努力下，他們家庭穩固，事業有成，彼此之間的感情也越來越深厚。

這個故事告訴我們，家事並非女性的專利，而是夫妻雙方共同的責任。如果兩人都能做家事，就可以大大增進和諧的家庭氛圍。

上篇　婚姻經營之道

三、客人還是家人

網路上曾流傳這樣一篇文章〈真正的丈夫,從來不幫妻子做家事!〉。文章開頭寫道:「我不得不承認自己從來不幫妻子做家事,因為家事是每個家庭成員都該做的。就如我從來都不幫老婆帶孩子,因為孩子也是我的。這是分內之事,何來幫忙一說?」

我們常聽見一些妻子抱怨丈夫把家當作旅館一樣,每天回來吃飯睡覺,一覺醒來就上班,彷彿這個家的其他事情都與他無關一樣。但事實上,正如前面的文章裡所說的一樣,家事是每個家庭成員都該做的,又怎麼能叫幫忙呢?那原本就是自己分內的事情呀!如果我們總是覺得家裡的事情與自己無關,又怎麼能感受到家的溫暖呢?

第六節　處理婆媳關係

婆媳之爭是華人家庭中一個重要的議題。很多婚姻衝突和離婚案都和婆媳關係有關。如何處理好婆媳關係,是大部分家庭都會面臨的問題。

一、兒子有責任促進婆媳和睦

婆媳關係不好，一般和丈夫不善於協調婆媳關係有關。雖說丈夫是最難的一個角色，但是為了促進婆媳關係的和諧，丈夫應肩負協調的責任，幫助妻子與母親之間互相理解。

家不是講理的地方，而是講親情的地方。丈夫夾在兩個深愛自己的女人中間，要想化解她們的衝突，就要從中多多溝通。

充分地了解、溝通、體諒、寬容是處理好婆媳關係的基本原則。既不能不尊重母親，也不能不尊重妻子。但如果丈夫想討好所有的人，就等於討好不了任何人。在父母面前，他不能讓父母感到站在媳婦那邊；而在妻子面前，他也要理解她的不容易，不要站在父母的立場責罵妻子。

小偉在外面打工，妻子和母親在老家一起生活。過年回家，妻子、母親都迫不及待地悄悄向小偉抱怨。母親說他妻子懶，妻子說他母親管太多。結果，小偉認為妻子沒有任何問題，老人就不應該管年輕人的事情，於是對母親嚴厲地說：「她的事情你別管，你又不了解年輕人，管那麼多幹什麼？人老了，管好自己就行了。她跟我說，你總是碎碎念，讓她心情很糟！」

母親沒說什麼，但是小偉這樣不分青紅皂白地數落了母

上篇　婚姻經營之道

親一頓,讓母親很傷心。沒多久,母親就得了一場大病,差點撒手人寰。

丈夫不能把婆媳的原話都傳給對方,否則會產生更深的矛盾,而是要幫助雙方溝通,幫助她們了解對方抱怨的是什麼,要促進雙方互相了解、互相理解,最終化解矛盾。

有一個聰明的丈夫深諳婆媳相處之道。有時候,母親抱怨兒媳不愛做飯,他就跟妻子說:「媽說記得我們剛結婚時你做過一次蒜香茄子,她覺得很好吃,但是又不好意思讓你做,你哪天來秀一下手藝吧!」於是,妻子高高興興地做了一頓飯,婆婆看了也很高興。妻子抱怨婆婆晚上起床聲音太大時,他就會跟母親說:「媽,昨天晚上您還好嗎?她睡覺很容易醒來,您一關門,她聽見後非要我起床看看您還好嗎,我說沒事,她還說我不孝順!」這樣一來,母親晚上關門也小聲了一點。

二、妻子成為體諒丈夫的女人

婚姻是兩個家庭的結合,婚姻不僅僅是兩個人的事,也是兩個家庭的組合。智慧的女人,無論什麼時候都不要逼丈夫在自己和家人之間選擇。當小家和丈夫的大家之間發生利益衝突時,女人要能夠寬容和理解,要有耐心。

第二章　婚姻的智慧

然而，有些女人總讓丈夫在其中非常為難。雖然婆媳的相處丈夫非常重要，但媳婦也一定要會體諒。因為只有學會體諒，媳婦才會理解婆婆，不為難丈夫。

(一) 了解婆婆的成長經歷

作為年輕的妻子，我們無法把公公婆婆當成自己的親生父母，但至少可以做到善良，因為很多老人年輕時都很辛苦，想想自己的父母，公公婆婆把丈夫養大也不容易。

如果有時間多和婆婆聊天，聽聽她的故事。對婆婆越了解，和婆婆的心就會走得更近。許多老人所受的教育有限，他們當初的經濟條件也不好，多理解他們的生活方式和我們不同，也就不會有太多的矛盾。

(二) 不要讓丈夫兩頭為難

年輕的妻子要學會經營婚姻，學會理性地處理婆媳關係。沒有兒子不愛母親，所以你不應該讓丈夫夾在你和婆婆之間。如果和婆媳關係不好，讓丈夫夾在中間兩頭為難，其實也是苦了丈夫，更會影響你們夫妻二人的感情。如果能多從這方面考慮問題，往往可以讓事情變得簡單。

妻子需要理解丈夫對母親的愛，畢竟血濃於水，他們渴望能夠回報原生家庭，如果妻子能想到這些，就不會太為難丈夫。

（三）不要認為婆婆的幫助是理所當然的事

很多年輕人認為婆婆要照顧懷孕的媳婦，照顧出生的孫子。但婆婆沒有義務照顧媳婦或孫子。如果她們願意照顧，我們要心存感恩。如果婆婆不願意照顧你或孫子，那我們也不要責備，畢竟生孩子、養孩子是我們自己的責任。

在傳統觀念裡，老人幫忙照顧孫輩天經地義。但在現實生活中，我們也常見很多父母不僅養育自己的孩子，還要撫養孫子。有些老人一生辛苦，到死都在帶孩子。

年輕的父母沒有育兒經驗，或因工作繁忙無法既不耽誤工作又能照顧好家庭。他們非常需要年邁的父母幫助照顧孩子。有的老人退休後身體還可以，照顧下一代會帶給他們很多樂趣，但這都不表示照顧下一代或照顧懷孕的媳婦，是他們的義務。

王阿姨說兒子在外工作，媳婦想和兒子一起去，所以希望他們搬進兒子在市區的家，幫忙帶孫子。可孫子十幾歲了，國中生很愛打遊戲，又不聽老人的管教。王阿姨對媳婦說，「我七十幾歲了，有高血壓，不能生氣。但一看到孫子不聽我的話或是看到他玩遊戲怎麼說都不聽時，我就很生氣。現在他大了，我也管不了他，不如你來管，對孩子更好。」最終，媳婦選擇自己帶孩子。

三、婆婆也應該是一個通情達理的人

一個巴掌拍不響。婆媳關係不好，婆婆也有一定的責任。婆婆應放下過去那種高高在上的姿態，和媳婦友好相處，不要介入或過度干涉兒子的小家庭生活，讓他們獨立成長。父母都希望兒子婚姻幸福，但自己卻讓兒子夾在母親和媳婦之間，造成痛苦，甚至導致兒子婚姻破裂，也不是為人父母所願意看到的。

一位母親把兒子培養得非常成功。當兒子成為優秀的主管時，這位母親就覺得媳婦配不上自己的兒子了，非要兒子離婚。但是，當初這個媳婦也是她親自挑選的。兒子對母親說，妻子沒有任何過錯，為什麼要離婚？最後，兒子還是堅持自己的想法，和妻子和睦相處。母親也只好作罷。

四、盡量不要生活在同一屋簷下

住在一起的婆媳，十之八九相處都會出現問題。這是因為婆媳之間雖然只隔了一代，但兩人的成長環境、教育程度等可能完全不同。老人大多吃過苦，受傳統思想桎梏。而現在的年輕人則更注重享受當下，做事也更加注重自我感受。另外，婆婆常常會因為自己之前完全聽命於公婆，全心全意伺候丈夫而希望兒媳也能如自己當初一樣。但現代夫妻早已

上篇　婚姻經營之道

不是昔日模樣,丈夫做家事、帶孩子也十分常見。這樣一來,婆婆和媳婦無論在生活習慣、消費觀念,以及家庭工作分工上都可能有巨大的差異,日積月累總有一天會爆發。

小莉結婚後很少跟婆婆接觸,關係一直不錯。每次回老家時,婆婆都會做小莉愛吃的菜,小莉也總是不忘幫婆婆買各種禮物,回家那幾天一直都是其樂融融。

所以在小莉懷孕後,她第一時間就想讓婆婆來照顧她的月子,但公司的同事都好心提醒小莉要慎重,畢竟兩人也沒有真正相處過,有些問題可能並沒有暴露出來,不如讓自己的母親來照顧會好一點。

但小莉覺得只要自己和婆婆以誠相待,沒有什麼解決不了的問題。然而,沒想到的是,婆婆來了不到一個月,兩個人就鬧得不歡而散。原因是小莉喜歡吃清淡的菜,婆婆說飯菜沒有鹽味不好吃;小莉說太熱要開冷氣,婆婆說開冷氣太耗電;小莉想要買好看的小衣服給孩子,婆婆說孩子小根本不用穿太好看的衣服⋯⋯

總之,她們每天都在為一些雞毛蒜皮的小事爭吵,弄得小莉都快得憂鬱症了。

所以,如果家裡條件許可,兩代人最好不要住在一起,即便像小莉這樣需要坐月子,晚上最好也要分開住,這樣彼

第二章 婚姻的智慧

此都有一段時間擁有自己的空間，矛盾也會少一點。當然，結婚後是否要自己居住也需要看情況，如果條件不允許，那麼雙方都需要互相理解和體諒。

> 上篇　婚姻經營之道

第三章　家庭經濟

很多人戀愛和結婚前都羞於談錢。其實，談錢不傷感情。因為如果婚前雙方能就錢的使用問題多多探討和規劃，有共同的理念，婚後才不會因為錢的問題產生各種矛盾和糾紛。婚姻五大功能之一就是「經濟共同體」，因此，錢作為婚姻中無法逃避的問題，我們就必須要去面對。

有人將《弟子規》中的「財物輕，怨何生？」解釋為：如果大家都把財物看輕一點，怎麼還會有怨恨呢？夫妻生活，柴米油鹽、孩子教育、車貸房貸，都要以錢為基礎，所以夫妻必然無法繞開錢的話題。但不可否認的是，現代人在對待金錢上越來越持開放的態度，甚至有人將「金錢至上」奉為真理。但在婚姻生活中，如果對金錢看得過於重要，有可能會導致婚姻的失敗。

有一名二十九歲的女子，和男友已談婚論嫁。男友付了頭期款後又裝修了新房，以後每月的收入僅夠還貸款。於是，他對女友說，「我的薪資只夠每月還貸款了，以後家裡的開銷就靠你了。」一想到結婚後家裡的吃穿住用都要靠自己，除了養活自己還要養活這個男人，女子最終和男友分手了。

第三章　家庭經濟

另一對夫妻一起出錢買房子、裝修,妻子婚前的積蓄幾乎用完了。原本她也有工作,但婚後不想工作,成為全職家庭主婦。丈夫支付每月房貸,負責水電、吃穿等全部家庭開支。丈夫只是一個普通的公務員,每月拿著固定的薪資,為了支付家庭開銷,常常入不敷出,經常向朋友借錢度日,兩人常常因為錢而爭吵,最終以離婚收場。

多數男女走進婚姻的殿堂,需要共同承擔家庭開支,對婚姻要有合理的期待,不能在經濟上完全依靠一個人,否則,多半會因為錢經常吵架。弟子規中的「財物輕,怨何生?」對於婚姻中的男女非常適用。

雖然談錢傷感情,但在「錢不是萬能的,但沒有錢是萬萬不能的」時代,結婚前談一談對錢的看法也未必是壞事。否則,對錢處理不恰當也會成為婚姻失敗的原因之一。

因此,婚前需要探討婚後的經濟問題。有些國家在高中時就會開設婚姻輔導課,其中有關於家庭經濟方面的教學內容。比如,結婚後錢是分開來保管還是合在一起保管?如果分開保管或合在一起保管,應該怎麼用?需要有具體的安排。還有關於贍養雙方父母的問題,要怎麼給雙方家長錢都是需要探討的問題。這樣,雙方結婚後就不會因為經濟方面的問題產生矛盾。

上篇　婚姻經營之道

第一節　愛情和麵包

　　有些人不好意思談金錢問題，好像這樣會傷害彼此的感情。但如果已經準備結婚，那麼還是要了解對方的經濟情況，列一張個人財務清單，了解個人薪資收入、工作情況、住房情況、投資理財等情況，否則婚前一無所知，婚後才知道對方欠債太多或是個賭徒等，那一定會後悔莫及。因為結婚後經濟問題處理不好是導致家庭矛盾和離婚的主要原因之一。

　　小王和我初次見面就告訴我她離婚了，帶著不滿一歲的兒子。這個貌美如花的女人才二十幾歲。小王說，她和前夫是被引介認識的。兩人很快相戀並結婚生子。原本日子過得滿平靜，雖然他們暫時在外面租房，但小王還是覺得很幸福，一直以來也沒有什麼矛盾。有一天，她看到丈夫突然變得愁眉苦臉，不知道他發生了什麼事。在她的追問下，丈夫說他信用卡欠債五百多萬。小王想不通，他們沒有買房買車，還在外租房子住，怎麼會欠這麼多錢？她和丈夫每月收入加起來六萬多，五百多萬元的債務很龐大。結果，丈夫說都怪她，因為他們戀愛時去旅遊和在外面吃喝、買禮物送她等。他的薪資不夠，為了讓妻子開心，他透支了信用卡。小王很委屈，從戀愛到結婚生子，丈夫表現得一直很好，在經濟方面也沒有委屈她和孩子，但孩子不滿週歲，丈夫竟然透支信用卡五百多萬元，她百思不得其解。

第三章 家庭經濟

在小王的一再追問下，公公才告訴小王，丈夫婚前就有賭博的習慣。這麼多欠款應該是賭債。婚前，小王的公公多次幫助兒子還賭債。原本結婚時丈夫答應公公絕不再賭，公公以為他終於變成熟了，認為結了婚，有妻子管他，他就會有所改變，沒想到他還繼續賭博。

小王怪自己當初戀愛沒多久就奉子成婚，得知真相的小王果斷選擇了離婚，父母也支持小王。

一、婚前擇偶要看人品

愛情與麵包到底哪個更重要，不同的人會有不同的選擇。最好是愛情和麵包都有，可魚和熊掌不可兼得時，我們要如何抉擇？

婚前要注意對方的品行！那些沒有上進心又有不良嗜好或不良惡習的異性，一定要遠離他們！否則如飛蛾撲火，會為家庭、自己，甚至未來的孩子帶來災難！

小琳在與男友談戀愛時，真如童話裡的公主一樣幸福。那時，男友每次到公司接她總是衣著光鮮地手捧鮮花，一輛價值不菲的跑車更是讓小琳在同事面前出盡了風頭。而且，男友對小琳體貼入微，颱風下雨必定開車接送。男友也十分照顧小琳的家人，出手大方，儼然是闊家子弟。

上篇　婚姻經營之道

　　小琳就這樣幸福地嫁給了男友，嫁入了豪門。但好景不長，丈夫的公司因經營不善破產了，一夜之間家裡失去了經濟支柱，小琳希望丈夫能找一份工作來貼補家用。但丈夫從小嬌生慣養，遊手好閒，怎麼願意到別人手下當一個小員工呢？

二、錢是愛的象徵

　　一位妻子抱怨，丈夫原來每個月交給她一萬元，那時她沒有工作，沒有收入來源。此後她幫自己買了保險。五十五歲後，她每月可以拿五千多元的保險金。當她開始領取退休保險後，丈夫每月只給她七千元的生活費。為此，她和丈夫吵架。丈夫退休前是某公司的高階主管，退休金也不少。妻子五十五歲終於有自己的收入，但丈夫卻因此每月少給她錢。兩人為此大吵起來。

　　另一名女子退休後，丈夫和她商量，要她負責買菜和家事，丈夫負責地價稅、水電費等。她退休金比較高，也同意丈夫提出的各自承擔部分家庭的開銷。其他收入，他們都是各管各的錢。這位丈夫退休前也是高階主管。

　　儘管她們的丈夫曾經都是高階主管，但退休後，丈夫都和她們算帳。結婚這麼多年，他們各管各的錢。至於丈夫收入多少，她們一無所知。可以看出，這兩對夫妻感情一般，只是勉強度日而已。

第三章 家庭經濟

劉墉曾說過一則故事：有一天他在家寫作，妻子正和一群朋友閒談，聽她們說如果丈夫將錢交給妻子，這樣的妻子在家裡地位最高，丈夫也愛她們。如果丈夫不把錢交給妻子管，往往不夠愛妻子。劉墉聽了這些女人的議論，認為很有道理。

有個妻子從不管丈夫的錢，她的薪資也交給丈夫保管，當她要用錢時就向丈夫要，要的錢有時比她給丈夫的還要多。丈夫捨不得在自己身上花一分錢，將大部分的錢都用在妻子和孩子身上。丈夫對自己非常節儉，不得已才會買衣服或鞋子，但對妻子提出的任何願望，他都會滿足。這名妻子說，「我不管他的錢。管錢多麻煩，而且一定不夠用，反正家裡的錢基本上都用在我和孩子身上。」

現代人變得越來越實際。我曾和兩個朋友討論說，錢是愛的象徵。兩個朋友立即反駁我說太物質化了，而且以她們的婚姻為證說這種話沒道理。這兩個女人都是幸福的女人，她們的丈夫非常愛她們。在和丈夫的共同努力下，有車有別墅，而且她們的丈夫非常有責任感。她們從不管丈夫的錢，但丈夫的錢都用在家裡。丈夫對她們的家人也非常慷慨大方。因此，「錢是愛的象徵」並不是狹隘地理解為錢交給誰管，而是一個人是否願意把錢用在另一個人身上，即使對方不管錢，也代表著對另一個人的愛。

上篇　婚姻經營之道

　　妍妍是一所名牌大學的研究生，家境優渥，追她的男生自然很多。但是，她最終選擇了現在的丈夫。有人不解，問她那麼多追求者條件都比他好，為什麼不選一個條件更好的呢？這樣，她日後的生活不是更輕鬆嗎？

　　妍妍說：「有錢的人很多，但只有他願意把自己手裡的錢都交給我。你們知道嗎？他工作後做的第一件事就是把薪水交到我手上，有多少人能夠這樣毫無保留呢？」

　　父母愛孩子，願意把自己的金錢給孩子。夫妻也一樣，空有口頭上的「我愛你」，而在經濟上斤斤計較，一毛不拔，誰會相信是愛自己呢？

　　金錢並不能買來愛情，但卻在某種程度上代表著一個人的真心。我們並不倡導拜金主義，只是想要告訴那些戀愛中的人們，如果口口聲聲說愛你的人卻連金錢這一關都過不去，那麼請慎重步入婚姻。

第二節　婚後誰管錢

　　小華與丈夫結婚後很快有了孩子，由於忙著照顧孩子，小華把家裡的經濟大權交給了丈夫。丈夫人很好，工作努力，不亂花錢，也沒有不良嗜好，所以小華對丈夫非常放心。不過，孩子出生後，小華的工作受到影響，收入銳減，

第三章　家庭經濟

再加上孩子的開銷，經濟上變得捉襟見肘。丈夫看在眼裡很憂心，於是打算自己在下班後做點副業。但是，丈夫不懂理財，也不懂商道，不到兩個月就賠了十萬元。

小蒙則完全不同，她與丈夫結婚後原本並不打算管錢，但她的丈夫覺得小蒙很有經濟頭腦，便主動將財政大權交給小蒙。雖然很多人都說小蒙的丈夫不該將錢全都交出去，說一個女人能懂什麼。但是，他信任小蒙。小蒙也沒有辜負丈夫的信任，她先是在存款不多的時候理財。家裡的錢慢慢變多了。她又看準時機貸款買房，隨後房價上漲。小蒙賣掉了房子，還了貸款後，再無貸款買了一間小房子，貸款買了一間大房子，大房子出租，以房養貸，自己沒有什麼壓力。而之後房價再度上漲，小蒙一家的生活也因此變得富裕……

夫妻薪水都不高，但兩人的生活卻發生了不一樣的變化，可見，家裡的錢究竟由誰來管也是大有學問。一般家庭大致有以下幾種財產管理方式。

一、由一方管理財產

婚姻除了以愛為基礎，也是一種經濟結盟，因此錢由誰來管理就需要兩人一起討論。雖然沒有統一規定錢由誰來管，但如果妻子愛亂花錢，無法控制購物欲，沒有理財規劃，而丈夫會精打細算，就該由丈夫來管理；反之，就由妻

子來管理。將錢交給有理財觀念的一方,另一方也可以共同參與,對於家庭的重大開支則可以協商。

丈夫是老師,比較善於管理財務。妻子是護理師,不懂理財,所以妻子主動提出由丈夫來管理錢財。他們生活過得非常愉快,買車、買房,都由丈夫規劃。他們後來又生了一個兒子。孩子的教育都由丈夫安排得非常好,日子也過得很幸福。

曾有這樣一則新聞:一名女子嫁給一個外國人。丈夫是演員,他的朋友都很會花錢。可他妻子嚴格管控他的錢,每天只給他固定的零用錢。剛開始他很不習慣,總找理由想多要一點錢,後來看到他的那些外國朋友還在外面租房,可他已經買了房,比那些會花錢的朋友輕鬆多了。這時他才非常感謝妻子,如果不是她控制金流,他們也不可能存錢買房。

二、AA 制

不少年輕夫婦中漸漸流行起 AA 制,兩人的薪資各自管理,債務各自負擔。

在近幾年的婚姻案例中,AA 制的夫妻日益增加。AA 制之所以流行,是因為人們看到了它在婚姻關係中的好處。

第三章　家庭經濟

(一) 經濟上相對自由

家庭裡妻子和丈夫約定 AA 制，就意味著夫妻兩人自己賺的錢自己管。只要自己想花，就無須考慮對方和其他家人，比起共同支配家庭財務要自由很多。

比如，男人喜歡出去和朋友聚會喝酒，就可以免去妻子不給零用錢而無法和朋友聚會的遺憾，或者參加聚會卻總是沒錢買單的尷尬。而女人在買衣服、買包包、買化妝品時，也只要看自己喜好就可以，而不會被男人埋怨花太多錢。

(二) 雙方都有責任感

夫妻 AA 制不僅意味著自己的錢自己做主，還意味著每個人都要為家庭努力。因此，雙方都需要努力工作，努力承擔起屬於自己的那份家庭責任，共同為生活忙碌，兩人也就更能體會到各自的不易與艱辛。相較於「家庭主婦」式，這種相處模式則更利於夫妻共同成長，從而更利於感情發展。

(三) 增加情趣

由於約定 AA 制，所以兩人都會有相對寬鬆的經濟自由，這就會讓雙方更有能力去製造一些小浪漫、小驚喜。同時，收到禮物的人也會很開心，因為這種家庭制度下，絕不會產生那種「自己掏腰包幫自己買禮物」的糟糕感覺。

麗麗結婚後不管丈夫的錢。丈夫很開心。丈夫朋友多，

錢在他自己手中，經常和朋友一起打打牌或聚餐，比較自由。平時日常開銷，兩人也沒有算得那麼清楚。誰買菜買米，也沒有具體規定。家庭外出吃飯、水電、孩子教育經費等都是丈夫出。誰先回家誰買菜做飯，兩人感情很好。買房時，兩人互相商量，根據各自的存款共同支付頭期款和貸款。如今，他們已經買了房子與兩輛車子。丈夫平時沒有儲蓄的習慣，所以，購房頭期款麗麗出得多，但此後的每月借貸還款，麗麗就讓丈夫多承擔，給丈夫一些壓力。而丈夫炒股投資也賺了一些錢，所以，兩個人過得滿好的，夫妻感情也非常好。

夫妻之間很多矛盾都是因經濟問題而起，從這一方面說，AA制則能避免許多這類問題。但AA制也並非完美無缺。比如，在AA制當中，即便夫妻一起吃個飯還需要計算自己該花多少，這對於增進和穩固夫妻感情毫無益處；此外，AA制夫妻由於自己掌控財富，兩個人各管各的，那麼就不會有人主動為家庭付出了，那麼家的凝聚力就微乎其微了，一個沒有凝聚力的家，又何來安穩呢？

不僅如此，AA制需要考慮的事情也十分繁雜，比如雙方長輩的扶養、孩子的撫養、疾病的問題等。這些問題都在各自的可承擔範圍內尚可，但如果某一方無力支付又該怎麼辦呢？而且，生活總會遇到想不到的開銷；更有許多的事情

並沒有辦法用金錢來衡量，比如做家事、帶孩子，因此而損失的工作收益，又該如何算清楚呢？總之，夫妻之間如果想要 AA 制，就要詳細考慮，以免日後帶來更大的矛盾。

三、根據家庭需求靈活安排

結婚前丈夫主動提出讓曉敏管錢，但曉敏說她喜歡網購、自制力又不好，而且結婚後前兩年，他們需要和婆婆一起住。所以，曉敏提出讓丈夫管錢。直到曉敏生孩子後，小家庭搬出來獨立生活。這時，曉敏才開始掌管家庭經濟大權。

如果兩人真心相愛，彼此信任，那麼家庭經濟管理也可以根據實際情況靈活處理，並不是一旦決定就一成不變。就如曉敏，他們剛結婚時和婆婆一起生活，丈夫需要承擔婆婆家裡的水電費等日常開銷，還需要給婆婆零用錢，還要還車貸。即使丈夫提出讓曉敏管錢，但還必須每月給婆婆錢，因為他們沒有單獨生活，和婆婆之間有很多經濟分帳。為了不影響婆媳關係，所以曉敏讓丈夫管錢。結婚兩年後，他們有了孩子，新房也裝修好後，他們單獨生活，曉敏才接過經濟大權。

所以，家庭經濟大權到底交給誰，也可以根據實際情況靈活處理。但雙方需要對家庭開銷、存款等知情，否則因為經濟產生矛盾和糾紛不利於婚姻的和諧。

四、夫妻協商誰管錢

每個家庭的情況不一樣,如果想要維持家庭穩定和減少家庭矛盾,那麼在婚前主動協商家庭的經濟管理問題非常重要。要想長久維持婚姻,就必須考慮誰管錢的問題。

小倩和小俊結婚前,雙方父母見面協商聘金等事宜。小俊是再婚。前一段婚姻,小俊有一個女兒由前妻撫養,但小俊每月要支付一萬元贍養費。小倩的要求是小俊婚前的房子需要在自己名下,婚後小俊的薪水必須交給自己保管。她每月按時將小俊需要支付的贍養費匯給小俊的前妻。對於聘金,小倩沒有要求。考慮到小俊是再婚,小倩長得漂亮,公公、婆婆對小倩非常滿意,所以答應了小倩的要求。

小倩結婚前是月光族,不會存錢。結婚後,由於丈夫放心地把薪水交給小倩管理,小倩反而很精打細算,省吃儉用。雖然兩人有時也會吵架,但因為薪水交給小倩,小倩也按時匯生活費給丈夫的前妻,他們非常信任彼此。家裡需要大量用錢時,兩個人也會協商處理。小倩說,丈夫把薪水交給她,她才有安全感。夫妻之間有了信任,婚姻關係才穩定。如今,他們生了一個兒子,日子也越過越好。

第三節　提升財商

財商是與智商、情商並列的現代社會不可或缺的三大能力之一。財商包括兩方面的能力：一是創造財富及理解財富增加規律的能力（即金錢觀）；二是駕馭財富及運用財富的能力。

財商不是透過培訓、教育出來的，而是透過精神世界與商業悟性的養育、薰陶和歷練出來的。對財商的培養，其目的是讓人樹立正確的金錢觀、價值觀與人生觀。財商是實現成功人生的關鍵因素之一。

傳統的教育，很少告訴人們理財和致富的觀念。但是在日常生活中，錢雖然不是萬能的，但沒有錢卻會讓生活變得困苦。因此，如果我們能夠在收入有限的情況下，讓手裡的錢盡可能增加，也不失為一種累積財富的手段。因此，適當學習家庭理財知識也十分必要。

一、培養理財的意識

有些家庭生活優渥，這與他們有很強的理財意識有很大的關係。首先，支出不能超過收入，同時懂得擁有一些投資。其次，要有明確的預算規劃，要懂得將一定的收入存起來，當作未來的投資。要持有財富，就要控制花費。因此，

必須事先決定錢如何花,而不是事後陷入收支不均的困境。

小薇的兒子去外地讀高中時,她考慮如果為在外租房,每月花近萬元,還不如直接買房。很少有人會在外地買房。而在她低價買下一個急於轉手的舊屋後,房價便開始暴漲。

有些人對金錢沒有概念,最後,他們也在不重視金錢的問題上吃虧。有些家庭結婚幾年甚至十幾年,家裡都沒有什麼存款。一旦發生某些變故,如大病或者一方失去工作能力等,家庭儲蓄就會完全無法應付生活。

二、適當投資理財

怎樣才能擁有更多財富?通常是開源和節流。開源為夫妻中有一方或雙方會賺錢,或者夫妻善於投資理財;節流為夫妻用錢有規劃,不亂用錢或無不良嗜好,如抽菸、喝酒、賭博等,這樣也可以不斷累積財富。

夫妻可以開一個共同戶頭,每月計算一下固定的開銷,剩下的就存入戶頭,根據經濟情況適當投資。常言道:你不理財,財不理你。現在有錢並不能保證你將來就一定也工作能力強、生活狀況好。真正決定財富數量的關鍵是養成良好的理財習慣。

理財首先要有規劃。作為一個有智慧的家庭,想要掌握自己的理財前景,首先要了解自身的財務狀況,認清家庭收

第三章　家庭經濟

支情況，比如所有資產，包括現金、定期存款、活期存款、其他投資產品，以及固定資產，如房產、汽車等；還有所有的負債，如房屋貸款、汽車貸款、分期付款、所借外債等。建立家庭資產負債表，即將所有的資產、負債等建檔，最後用資產減去負債，得出淨資產。根據這些，制定自己人生不同階段的理財目標。因為如果不能進行合理的財務收支預算、制定良好的財務計畫，是無法理財的。同時，在分配有限收入資源時，必須分輕重緩急、先後次序。

理財要學會開源節流，既要選擇合理的投資方式和投資時間，可根據情況進行長期或短期投資；在日常生活方面，要制定合理的消費計畫，盡量節約開支，理性消費，規劃支出，減少不必要的支出，不需要的物品堅決不買等，謹慎刷卡；同時，要養成記帳習慣，每月結算，明確自己日常消費情況，擺脫不合理的消費方式。

為了增加家庭收入，人們要學會處理和建立良好的人際關係，多與人溝通，了解和把握賺錢機會，善於抓住商機；同時，應了解自己的性格，學習一些理財知識。

此外，要學會遠離騙財陷阱，如不隨便借錢給別人，不輕易為別人提供擔保，不參與社會上的非法集資活動，不參與民間借貸活動等。

阿梅一直渴望買房。她從教師職退休後，參加了一個

上篇　婚姻經營之道

高投資報酬率的理財專案,還動員身邊的教授、公務員購買,導致那些朋友血本無歸。她被控告後,判刑一年。已經六十五歲的她薪水、保險全沒了。原以為有了這次教訓,她會老老實實過日子。沒想到再次見到她,她又推薦身邊的朋友加入一個專案集資活動,這讓她的家人十分擔心她會再次陷入詐騙風波。

不同的婚姻家庭要有不同的理財方案,但必須做一個守法的公民。

三、女人也要有經濟觀

在華人傳統的家庭模式中,常常是「男人負責在外賺錢,女人負責家庭瑣事」,這就使得有些妻子並不直接掌管家庭的財產。但有些男人比較粗枝大葉,對於很多細節上的開銷常常考慮不周,因此突然沒錢的事例也時有發生。所以,妻子需要多多提醒丈夫。如果是妻子掌管家庭收入,那就更不能鋪張浪費,不能開源,就要學會節流,否則一方面會增加丈夫的工作壓力,另一方面也不利於家庭儲蓄。

此外,妻子也不要將整個家庭的經濟來源全部寄託在丈夫一人身上。如果自己有能力多讓家庭有一份收入,也能提升家庭生活品質和自身生活能力。

四、培養孩子的財商

教育孩子懂得理財也是很重要的一件事。家長首先應幫助孩子開設自己的戶頭,盡量讓孩子規劃自己的壓歲錢。同時,家長應和孩子一起制定一份壓歲錢的開支計畫,養成有計畫、有目標的良好消費習慣。

只有做一個有「財商」的人,才能為家庭創造理想、幸福、和諧的生活!

第四節　錢不是婚姻的所有

有錢就一定幸福嗎?有錢不一定幸福。

瀟瀟和丈夫是青梅竹馬,雙方父母都非常認可他們的婚姻。結婚後丈夫為了擺脫貧困的生活,努力從一個刷牆的建築工人,成為房地產商,身價幾千萬。瀟瀟從此成為富太太,家裡也請了保母,每天只是沉迷在麻將桌上。兩個孩子的課業,她也交給保母去管。

一天,她得知丈夫在外包養了一個女人,並生下一個女兒。這時她才欲哭無淚。想離婚,又心不甘;不離婚,丈夫家外有家。她很懷念和丈夫剛結婚時,雖然窮但夫妻恩愛,如今的她不知道該怎麼辦才好?

瀟瀟的悲劇雖然與丈夫發達後的移情別戀有關,但也與

上篇　婚姻經營之道

瀟瀟在家庭經濟好轉後，過於沉迷於享受財富，忘了提升個人的修養和品行等也有很大的關係。家事不做，孩子不管，這樣的生活又怎能幸福呢？

一、換個角度看丈夫

一名妻子與其抱怨丈夫的賺錢能力，不如換一個角度看丈夫，多多尋找丈夫的其他優點，你會發現丈夫可能是最適合你的男人。雖然他不那麼優秀，也沒有那麼高的地位，沒有達到你期望的賺錢能力，但他盡力了！世界上沒有十全十美的人，也沒有百分之百令人滿意的婚姻！

也許丈夫賺錢不夠多，但很體貼，對家庭很負責，很疼你和孩子。我們不要把成功男人模板化，認為這個世界上只有有錢、有地位的男人才是優秀的成功男人。普通的男人、平凡的丈夫，如果他能守護這個家，為這個家努力付出他的一切，對於妻子和孩子而言，他就是一個好丈夫、好爸爸。

朋友說她讀大學時，一天中午看到校門口有一對小販夫妻，那時正好在休息。妻子閉著眼睛頭枕在丈夫的大腿上，手一邊撫摸著他們的兒子。朋友說她非常感動，在陽光下，那是一幅讓她非常羨慕的畫面！那是一個多麼幸福的景象！妻子一定很享受這一切！

換個角度看丈夫，你會發現即使丈夫沒有錢，但他是最

愛自己的！那就好好珍惜你們的感情，用心經營你們的婚姻！你收穫的一定是幸福、快樂、滿足和平靜！因為錢也不一定能買來愛情和幸福！

二、錢不是婚姻生活的全部

在現實生活中，我們常常被「沒有錢是萬萬不能的」這樣的思想所誤導，認為生活裡「錢」才是最重要的。但是如果婚姻中夫妻都只看到金錢，就難免會忽略彼此之間的情感，夫妻之間若是沒有了感情和愛，婚姻也就失去了意義。

有一名高階主管年薪百萬，經濟富足。因此，他讓妻子辭掉工作做全職太太，這樣他便可以專心工作。他的薪水自己掌控，每個月只給妻子兩萬的生活費，而這些錢並不是給妻子的零用錢，而是需要妻子負責買菜做飯、日常開銷，以及孩子課外補習費和各種人情往來的全部費用。

最初，妻子並不在意，覺得既然是一家人，丈夫也沒有什麼不良嗜好，錢在誰的手裡都一樣，都是家裡的錢。

但是有一年妻子的父親生病住院，需要十萬元的手術費，丈夫卻說：「每個月給你那麼多錢都花去哪裡了？不會節省一點嗎？而且你現在又不賺錢，家裡就靠我一個人，一下子要拿十萬，那我們自己的日子要怎麼過？」

妻子失望地說：「那是我的父親、你的岳父啊，他現在

急需做手術,你就這麼無情嗎?我不賺錢不都是為了這個家嗎?難道你的眼裡就只有錢嗎?」

妻子無奈只好找朋友借了錢讓父親做手術。之後妻子迅速找了一份工作,雖然薪資沒有丈夫高,但足夠養活自己和兒子。半年後,妻子提了離婚,丈夫不解,說自己並沒有犯什麼錯,怎麼突然要離婚。

妻子只說了一句:「你和錢過生活吧。」

在這種婚姻中,夫妻之間往往會因為錢的問題出現矛盾和衝突,最終不歡而散。錢並不是婚姻生活的全部,它只是讓婚姻生活錦上添花。真正的婚姻,應該是建立在彼此相愛的基礎上,夫妻之間要溝通、互相支持和理解,才能共同度過人生的種種艱辛。

中篇
如何療癒婚姻之痛

中篇　如何療癒婚姻之痛

　　有些人在遭遇失戀、家暴、外遇、離婚等情感挫折後會陷入痛苦之中無法自拔。因此，當面臨婚姻挫折時，我們應該如何對待？如何走出困境，勇敢地生活呢？

　　我們總是渴望天長地久的愛情，渴望我們愛的人永遠愛我們。然而，隨著生活的磨難、時間的變化，我們發現那個曾經深愛著我們的人變了，不再愛我們，甚至渴望離開我們。

　　可我們還是執著地愛著對方，怎能承受這個打擊呢？雖然我們不想上演已過時的一哭二鬧三上吊的舊戲碼，可我們又怎能果斷放手，給對方自由？然而，那份愛已經變質，已經成了禁錮的一張網，不分開只會讓對方討厭你，甚至恨你。

　　我們要順其自然，不要強迫或為難對方。如果兩個人的愛只靠一個人維持，哪怕你付出再多，也無濟於事。

　　當愛情發生變化時，我們能做的只有改變自己，畢竟我們無法改變別人。人生的旅程如在大海上航行，一意孤行是人生的大敵，靈活多變才能活出健康、美麗的人生！跟一個不愛你的人相守，只會讓雙方感到束縛和痛苦，倒不如勇敢地放掉這一段感情。要相信，上帝為你關了這扇門，也一定會為你打開另一扇窗，也許另一個更適合你的人正在等著你！

人生最重要的是享受過程，而不是結果，戀愛失敗了，不妨將它當成學習的機會、寶貴的經驗。跌倒了再爬起來，依舊朝著陽光的方向行進。要不斷提醒自己，人生要做的事還有很多。

中篇　如何療癒婚姻之痛

第四章　家庭暴力的正確處理

廣義的家庭暴力是指家庭成員之間以毆打、捆綁、殘害、限制人身自由以及經常性謾罵、恐嚇等方式實施的身體、精神等侵害行為。我們一般理解的家庭暴力也稱為婚姻暴力，即配偶中一方以語言、肢體或者性等方式虐待另一方。當然，現在的家庭暴力，還包括冷暴力，即不與對方溝通。

某一部連續劇是婚姻暴力故事的翻版。劇中的丈夫是醫界名流，他自認為深愛著美貌的妻子，卻不斷對她施暴。每次家暴後，他又不斷地向她懺悔、道歉，並以各種方式討好她，但家暴妻子的事件仍一次又一次地重演。家庭暴力中的施暴者總是打著愛的名義，限制甚至控制妻子的行為，只要妻子違背他的意志，就對她拳腳相加。事後，男人會後悔、下跪，極力討好和取悅妻子，懇求原諒，但家暴只會一次比一次惡劣。

曾有媒體報導一個因提出離婚被丈夫咬掉鼻子的女人。她說丈夫好的時候，天天幫她按摩、做飯炒菜，可打她的時候卻非常凶殘。

面對婚姻暴力，女性要拋棄「家醜不可外揚」的觀念，要學會捍衛自己的權利，勇敢地拿起法律的武器來保護自

己,不要一味地聽任丈夫的恐嚇與威脅,否則你的忍讓最終可能會釀成悲劇!

家庭是現代社會的基礎,在倡導和諧社會的今天,家庭和睦成為社會和諧的必要條件。然而,家庭暴力等現象時時發生在家庭成員之間,破壞融洽的家庭關係。因此,我們一定要正確面對家庭暴力!

第一節　學習法律知識

一、舉證

由於家庭暴力總是臨時發生,因此,舉證難是大眾擔心的問題之一,但可以依靠鑑識證據等認定家庭暴力的事實。

二、主動學習家庭暴力等方面的知識

經常關注討論法治議題的節目或參加婦聯等活動,透過學習有關婚姻、婦女權益保障、反家庭暴力等方面的法律知識,提高自我保護意識。

中篇　如何療癒婚姻之痛

第二節　家暴零容忍

一、學會反抗

面對家暴要「零容忍」,要勇敢說「不」。第一次面對家暴,一定要反抗。很多人認為這只是一時衝動,也許以後不會再發生。家庭暴力只要有第一次就會有無數次,所以,當第一次被家暴時就要反抗。

夏美第一次結婚時被全家人反對,還對她說就算以後過得不好,也不要回來找他們。婚後,當丈夫一次又一次打她時,她不敢告訴家人和朋友,而是獨自忍受著。結果,丈夫的家暴越來越激烈。最終,無法忍受的她與丈夫離婚了。再婚後,她的第二任丈夫也對她動手。但這一次,她不再軟弱,而是堅決抵抗,而且對丈夫大喊道:「你敢再動我試試,我不會放過你的。」

抵擋家暴的拳頭,才能保證家庭安寧,營造出平等、和睦的家庭關係。在面對家庭暴力時,只有奮起反抗才能讓對方看到自己的決心。當然,大多數情況下被家暴的一方常常是女性,當面對與自己力量懸殊的丈夫時也要機智應對,不要過度激怒對方,以免造成更進一步的傷害,甚至導致悲劇的發生。比如,我們可以在事後嚴正警告丈夫,或者以報案等方法明示自己的態度。

在面臨第一次家暴時一定不能姑息縱容，要讓對方知道家暴是要付出代價的，是絕對不允許的。

二、保留證據

遭遇嚴重家暴造成身體傷害後，應及時告訴鄰居、家人或到醫院做傷勢鑑定等，保留人證、物證。

三、尋求法律援助

當遭遇暴力行為時，女性要第一時間主動尋求法律援助，維護自己的權利。

四、懲治施暴者

如果丈夫死性不改，妻子可以到警局報案，透過法律保護自己。對於嚴重的家庭暴力，必須透過依法維權，懲治施暴者。

中篇　如何療癒婚姻之痛

第五章　當婚姻有瑕疵，別怕

　　生活裡柴米油鹽的瑣碎常常會讓談情說愛的溫柔、耐心和忍讓逐漸被消磨，婚姻的裂痕也常由此產生。修補還是放棄，就成了一道難解的題。

　　有一天，柏拉圖問老師蘇格拉底什麼是愛情。

　　蘇格拉底叫他到樹林裡走一圈，可以來回走，並在途中摘一朵最好看的花，柏拉圖充滿自信地出去了。兩小時後，他精神抖擻地帶回了一朵豔麗但有些枯萎的花。蘇格拉底問他：「這就是最好的花嗎？」柏拉圖回答：「我找了兩個小時，這是盛開的花朵中最美麗的花，但在我採下並將它帶回來的路上，它就逐漸枯萎了。」這時，蘇格拉底告訴他：「那就是愛情。愛情是誘惑，它猶如一道閃電，雖明亮但稍縱即逝。而且追不上，也留不住。」

　　後來，柏拉圖又問老師蘇格拉底什麼是生活。

　　蘇格拉底又叫他到樹林裡走一趟，取一朵最好看的花。柏拉圖有了之前的教訓，便充滿自信地出去了。過了三天三夜，他仍沒有回來。蘇格拉底到樹林裡去找他，最後發現柏拉圖住在了樹林裡。蘇格拉底問他：「你找到最好看的花了嗎？」柏拉圖指著旁邊的一朵花說：「這就是最好看的花。」

蘇格拉底問：「為什麼不把它帶出去呢？」柏拉圖回答：「我如果把它摘下來，它馬上就枯萎了。即使我不摘它，它也遲早會枯萎。所以我就在它盛開的時候，待在它旁邊。等它凋謝的時候，再找下一朵。這已經是我找到的第二朵最好看的花了。」這時，蘇格拉底告訴他：「你已經懂得生活的真諦了。生活就是追隨與欣賞生命中的每一次美麗。」

義大利作家卡薩諾瓦（Giacomo Casanova）在《我的一生》(*Histoire de ma vie*) 一書中寫道：婚姻是愛情的墳墓 (marriage is the tomb of love)。這句話也隨著如今逐年升高的離婚率而廣為流傳。然而，美好的愛情怎麼會在婚姻裡消失呢？它只是在日積月累的瑣碎中漸漸變得模糊不清，人們也常常在日復一日的柴米油鹽裡暈頭轉向，才會不慎迷失。

第一節　處理外遇的原則

伴侶外遇時，我們該如何處理，需要遵循哪些原則呢？

一、及時反思

發現外遇時首先要冷靜，要檢討彼此有什麼錯和責任。不要推卸責任，要反躬自省，這樣才不會因為過分憤怒，以為一切都是對方的錯而失去理智。

中篇　如何療癒婚姻之痛

二、保持警覺

　　保持警覺，伴隨警覺要有行動。如果不離婚，那麼當發現有風吹草動時，就要及時勸阻。懷疑對方有問題或面對疑似外遇跡象時，要關心對方，而不是責問對方、拷問對方。

三、求助長輩

　　越重要的事情，越不要輕易說出口，若不得不說，要找對人、抓好時機才能講。當外遇很難收場時，就要求助長輩。

四、不要為了報復對方，自己也外遇

　　不要因為對方外遇，你也外遇。很多時候，出現這種情況是可以挽回的。我們不能因為一時氣憤，想報復對方，自己也外遇。這樣只會惡化二人的關係，最終導致兩敗俱傷，以離婚收場。

五、縮小處理外遇的範圍

　　如果你還愛著對方，不打算離婚，就不要逼死對方。撕破臉，雙方都不好看，甚至會傷及孩子。所以，任何時候都要給對方留一點面子，如不要公開吵架、不要跟孩子抱怨等，盡量在小範圍內處理。

第二節　理智對待外遇

甜甜與曉峰從國中到大學都是同學。大學畢業後，他們便結婚了。婚後，他們互敬互愛，甜甜感到非常幸福。隨著丈夫的事業蒸蒸日上，應酬也越來越多，有時還不回家。無意間，甜甜居然發現丈夫在外面有女人，還和外面的女人生了一個兒子。一開始，甜甜還不敢相信，然而事實就擺在眼前，這讓她不得不面對現實。甜甜想著自己的三個孩子，想著自己和丈夫曾經的幸福生活，她不想離婚，希望丈夫能回歸家庭。結果，丈夫直接搬出去了，還和她提出離婚。甜甜不明白丈夫為什麼如此絕情，可一說到離婚，她又沒有勇氣。她不知道該怎樣辦才好。

結婚多年，當初的神祕感和新婚的激情早已沒有了，這時夫妻一方很可能會被外面年輕漂亮或氣質出眾的女人、高大帥氣或成熟多金的男人所吸引，那些意志不堅定、責任心不強的人，便很容易出軌。如果雙方還有感情，一定要採取正確的方式處理問題。如果實在無法挽回，分開或許對雙方都是一種解脫。

一、不要輕易放棄婚姻

家和萬事興，不到最後關頭絕不輕言放棄。不到萬不得已不要離婚。外遇雖然會帶來短暫的快樂，但也會留下很多

問題。人非聖賢,孰能無過?如果過錯方真心改過,我們就給對方一次機會。我們的目標是要讓對方回頭,回心轉意,而不是逼走對方,所以,要保持冷靜,在多關心對方的同時也要改變自己,相信對方也會因此而改變。

二、不要用極端方式處理外遇

在面對外遇問題時,「一哭二鬧三上吊」並不是高明的策略。不屬於你的人不會因為你抓著不放而留下,就像手中的沙子,你抓得越緊,流失得越快。更有一些人以為用一些極端的方式,比如自殺,就能威脅或挽回對方的心,殊不知,這只會傷人傷己。要時時提醒自己,衝動是魔鬼。用別人的錯誤來懲罰自己,不僅於事無補,更可能將自己推入深淵。如果你想挽回愛人,請用理智和策略來挽回。

因此,面對婚姻不幸時無論如何衝動也不能自殺,因為生命一旦失去就無法挽回,對家庭、對孩子都是巨大的打擊。

一個女人因為丈夫外遇前來求助。丈夫有過一次失敗的婚姻,這個女人當時未婚,年輕又漂亮,經濟條件也很好。她看中這個男人老實的性格。婚後,她善待男人與前妻生的兒子,又和丈夫生了一兒一女。沒想到,她發現自己的丈夫竟然外遇,而且和那個女人在一起兩年了。女人痛不欲生,

第五章 當婚姻有瑕疵,別怕

說結婚時丈夫發誓一生只愛她一人,絕不背叛她。難以面對真相的她整日以淚洗面,恨不得親手殺了這個男人。

我問她孩子多大了,她說大兒子(繼子)十九歲,二兒子十三歲,小女兒九歲。我說,如果妳殺了人,就得坐牢,而妳的兒女就是殺人犯的孩子。他們的父親是被母親殺死的。妳讓他們怎樣活下去?

在我的勸導下,女人冷靜了下來。我說,妳已經到中年了,如今沒有工作,一家人全靠丈夫養活。現在丈夫也很後悔,答應改過,妳是不是得給他一次改過的機會呢?再說,你們有三個孩子,生了孩子就要盡到養育之責,兩個人養孩子一定比一個人更輕鬆。還有,如果妳多在自己身上用心,讓自己更快樂、忙碌,丈夫自然會被妳吸引。所以,妳要改變自己。你們經歷了那麼多,如果家庭和睦,其他女人怎麼能進趁虛而入?你們的孩子也會因為有個完整的家而感到快樂。女人聽了後,覺得受益良多,並決定下一次帶丈夫一起過來諮商。

中年夫妻總會有各種矛盾,如果我們任由自己發洩情緒,不管不顧孩子,最終婚姻失敗的受害者就是孩子。如果夠自信、有足夠的能力處理好離婚後對孩子的教育問題,那麼可以離婚追求各自的幸福。離婚後如果不能妥善處理好孩子的養育問題,那麼需要慎重考慮離婚的決定。

中篇　如何療癒婚姻之痛

談情說愛時的溫順、耐心、遷就、妥協、容忍,隨著婚姻歲月的流逝而日漸減少,遇到外遇,傷心、憤怒在所難免,但切記要冷靜處理,不可因一時激憤惹出更大的麻煩。

三、不離婚就要學會放下

夫妻一方出軌了,如果另一方不想離婚,就要學會放下。人生很長,婚姻生活也不短,如果你總是對這件事情耿耿於懷,那麼幸福就會離你而去。

一個男人三十幾歲時和第三者發生了一次性關係。因有六個孩子,妻子沒辦法離婚,但從此二人便分床睡,妻子睡在床上,男人睡地上。就這樣,他們一起過了三十年。後來,兒子幫他們買了一個上下鋪。男人睡上鋪,妻子睡下鋪。男人七十幾歲時,向外人說起這麼多年的痛苦時淚流滿面。三十幾歲犯的錯,到死都沒被原諒,四十年的光陰沒有一絲快樂。

因為一次外遇,妻子不原諒也不離婚,此後幾十年的婚姻生活,兩人形如陌路。這對彼此來說都是一種痛苦和折磨,這樣的婚姻太累了。

如果不想離婚就好好溝通或者尋找婚姻諮商,否則痛苦的不僅是兩個大人,還有孩子。

第六章　離婚的正確處理

不是所有的感情都能有始有終，不是每段婚姻都能牽手一生。山水一程，已屬有幸。緣分盡了，就彼此放手，各奔前程。

如今，很多人認為婚姻中的愛情很重要，提高了對婚姻品質的期待。然而不幸的是，忙忙碌碌的生活，柴米油鹽的瑣碎，常常讓婚姻千瘡百孔。當婚姻無法達到個人預期時，他們就會痛苦、失望，有的會逃避婚姻，另闢蹊徑去尋求個人的滿足。還有的人視婚姻如兒戲，開心則和，不開心則散。所以，離婚率便開始攀升。

結婚是一件很神聖的事情，既然你選擇了結婚，認定了對方，就說明你要接納對方的一切，雖然，柴米油鹽的生活瑣碎會讓你們有矛盾、有爭吵，但那就是最真實的婚姻生活。而你要做的就是繼續欣賞對方的優點，包容他們的缺點，如此你們才能幸福地攜手過完這一生。

然而，人生在世，不如意者十之八九，也許婚姻恰好不是我們喜歡的模樣。如果你已盡全力，仍無法留住這一段緣分，那就坦然放手，冷靜處理，相忘於江湖也未必是一件壞事。

中篇　如何療癒婚姻之痛

第一節　不要草率離婚

有一年年末，我參加了一個朋友的兒子的婚禮。

婚禮上，新郎的父親意味深長地對兒子、兒媳說了一段話。他希望雙方節儉一點，相親相愛，以及婚後能互相寬容和忍耐，要堅持一輩子相守相愛。

其實，新郎的父親曾經外遇，也有過離婚的念頭，但妻子仍深愛著丈夫，一路堅持，他們最終共同走到最後。在丈夫外遇時，妻子不同意離婚，而是打贏了他們的婚姻保衛戰。正是女人的堅持，才有了這樣一場隆重而熱烈的婚禮。

我見證過太多的外遇和不幸的婚姻。一些夫妻來諮商說要離婚。我會幫他們分析，讓他們知道什麼時候值得堅守，什麼時候必須放棄！

所有的愛情和婚姻都是互惠互利的關係，即合作關係。當婚姻對自己還有意義時，就需要我們堅持！當婚姻無法給予我們任何支持和幫助，且留給我們的是滿身的傷痕和流不完的淚水，那麼放棄也是一種解脫！

有些人再婚後還會繼續以離婚的方式處理婚姻衝突，甚至再找一個和原配相似的人結婚後再次離婚。能白頭偕老的婚姻通常是因為忍耐和包容。過於計較對方的缺點，不能原諒對方的過錯，就可能一再離婚。

一、遇到婚姻問題，先分析原因

如果兩個人中的一人出現問題，想要離婚，另一人必須冷靜分析婚姻出現了什麼問題，彼此是否都有責任。如果不是原則性的問題，並且有孩子，還是要盡量挽回婚姻。而且一旦決定原諒對方，就不要糾纏對方的過錯，而是要促使對方回歸家庭。

小志是一名律師，在當地小有名氣，但最近他的婚姻卻亮起了紅燈。原因是，最近他發現妻子總是不打掃家裡，也不做晚餐，而且他下班回家時，妻子常常都不在家。詢問妻子去哪裡了，她只說跟閨蜜去逛街。

一個偶然的機會，他發現妻子並不是和閨蜜去逛街，而是和一個中年男人坐在咖啡館裡聊天。回想妻子最近對自己都沒有這麼熱情，不由得怒火中燒。但律師的理性告訴他，他不能意氣用事。

於是，小志仔細分析了他與妻子的婚姻，從上下班時間到家裡大大小小的事情，從兩人日常的交談到個人的習慣等，他發現妻子其實是個很好的女人。結婚後，她勤儉持家，日常家事也是安排得井然有序。不管小志每天多晚回來，她都會做好飯菜等他。反觀自己，除了在外賺錢，其他的事情卻從不關心，很少陪妻子逛街，節日也只是給妻子紅包讓妻子自己買禮物，常常半夜回家，不懂得關心妻子，甚

中篇 如何療癒婚姻之痛

至有兩次妻子生病了都是自己去醫院的⋯⋯

想到這裡，小志覺得婚姻出現問題，自己也有不小的責任。當晚，他就與妻子坦誠交流，向妻子道歉。聽到小志的道歉，妻子委屈的淚水再也止不住，痛哭失聲。之後，小志盡量抽時間多陪妻子，妻子也恢復了往日的笑容，家裡又變得溫馨了。

二、權衡利弊

有學者曾說婚姻五大功能中，最重要的是感情，其次分別為經濟互助、共同撫養孩子、共同的社會資源、性生活固定。想離婚時，先評分這五大功能，不一定要把五項分數平均，而是根據你最看中的功能給最高的權重，具體的分數由當事人來確定，沒有統一標準。

三、離婚前先分居

如果非離婚不可，也可以嘗試先分居一段時間，看自己是否真的可以一個人生活。很多夫妻分居一段時間後，由於不習慣，反而會和好如初。所以，離婚前分居一段時間很有幫助。

四、離婚並不一定就能使人幸福

根據美國研究，沒有證據可以證明選擇離婚結束不幸福婚姻的人比選擇繼續維持婚姻的人更幸福。他們發現有三分之二

婚姻不幸福的夫婦，在維持婚姻五年後會重拾幸福的生活。

研究還表明：雖然離婚可以減少某些壓力或傷害，但它可能造成另外的壓力和傷害。其中包括配偶、孩子對離婚的反應，孩子的監護權、探視權、新的理財和健康問題及新的婚姻關係、繼子女關係等。

之所以能夠繼續維持婚姻，並不是因為他們雙方改變，而是隨著時間的推移，原本他們認為的問題顯得沒那麼重要了。因而，維持婚姻最重要的是強烈的責任感、強烈拒絕離婚的意願。因此，處於不幸福婚姻的雙方首先要解決問題，而不是選擇直接離婚。

第二節　離婚需要智慧

一、離婚時盡量不要傷害彼此

有些夫妻婚姻結束時，常常會用盡方法侮辱對方、互相攻擊；離婚時為了爭取更多的經濟利益，完全不顧及對方。離婚也只是人生道路上的一個插曲而已，怎麼能完全枉顧做人做事的原則呢？

每個人都是獨立的個體，沒必要為了傷害對方，葬送了自己的幸福。離婚時盡量善待彼此，畢竟曾經相愛過。為了

孩子，今後還要來往。一個人最高的境界就是尊重人性，讓彼此過得更好。離婚時見人品，因此離婚時盡量和平分手，共同協商關於家庭經濟的分配，孩子撫養和教育等問題。

二、不要做出極端行為

被動離婚的一方因為不甘於離婚，有時無法調整心態或用極端的方式報復對方或自己，為雙方以及家庭造成無法挽回的損失。曾發生過這樣幾則悲劇：

丈夫因為不滿妻子提出離婚，到妻子的店裡朝店裡的人噴硫酸。

某女演員提出離婚後被丈夫用刀刺死，此後丈夫也自殺身亡。

以上悲劇讓人無比心痛。無論在婚姻過程中發生過什麼，生命是最寶貴的。我們不能因為離婚剝奪自己的生命，更沒有資格剝奪他人的生命。對於被動離婚的一方，當婚姻無法繼續時，應該尊重對方的決定，而不要因此傷害自己或對方。

三、呵護孩子心靈成長

父母婚姻失敗後，別成為孩子心理問題的製造者，而應呵護孩子心靈成長。有些父母因為經營婚姻的能力不足，本身就有問題，他們教育孩子的方式簡單粗暴。這些家長常常

會成為孩子心理問題的製造者。

有些夫妻長期吵架，孩子在無愛和瀰漫著戰火的環境中成長，可能會出現心理問題。因此，有了孩子後，即使婚姻解體，也應該努力處理好離婚後孩子的教育和撫養問題，主動承擔起教育和培養孩子的責任。

小芳是一名教師，在兒子小學一年級時離婚了，她帶著兒子獨自生活。前夫離婚後很快再婚，但小芳一直沒有遇到合適的對象。直到兒子國二時，小芳經朋友介紹認識了小林。小林是一名工程師，也是離婚後獨自帶著兒子生活。目前，他的兒子已經上大學了。兩人感覺挺合適的，認識半年後就結婚了。兩個兒子也很認可他們婚姻，與他們也相處融洽。所以，離婚後，只要父母主動承擔責任，也可以將孩子培養成為身心健康的人。

四、離婚時多為孩子爭取利益

一般來說，經濟獨立的女性更難以忍受不幸的婚姻，因為她們不會為子女的撫養費用為難。但如果女性收入有限，當離婚已是迫不得已時，女性要盡量為自己和孩子爭取應有的權利。如果無法協商獲得合法權益時，可請求法律援助，保障孩子的利益，將對孩子的傷害減到最低。如果男人背叛婚姻，女人至少在離婚時為自己和孩子多爭取一些經濟利益。

五、孩子撫養權的處理

如果父母都有責任感，人品可靠，擅長教育，那麼離婚時以最有利於孩子成長的環境為佳，單獨與父親或母親生活都可以。任何一方都不能以孩子來要挾或報復對方，做出不利於孩子成長的決定。

第三節　離婚後的心理調適

離婚一年多了，小王還是不能走出痛苦的陰霾。每次打電話，聽到她痛苦的聲音，我都很心痛。她是單純、可愛、漂亮的女人。她還是很愛她的前夫，但前夫已經和別人結婚了，而且他的現任還懷孕了。

她後悔當初結婚時不該說不要孩子，而丈夫又非常渴望有自己的孩子。然而，當她決定為丈夫生一個孩子時，丈夫已經不在家了。因為丈夫失蹤了半年，她只好用自殺的方式讓丈夫現身。當丈夫送她到醫院後，說：「妳的愛太可怕了，我們離婚吧！」一聽到這句話，她彷彿五雷轟頂。但她又覺得是自己造成了這一切。因為愛，她最終選擇放手。她不願意看到丈夫和她在一起那麼痛苦。「我不能給他幸福，但我可以給他自由。」

離婚時，她什麼也不要，把當初和丈夫一起添購的房

第六章　離婚的正確處理

子、車子都留給了丈夫和他現在的女人。至今,這個男人還是她感情的全部,她依舊無法走出過去的陰霾。

每天我會面對不少像小王一樣純情的女人,把愛情當成生活全部的女人,把愛的男人當成自己的生命!失去了愛情,她們無心工作、學習和正常生活。她們感到孤獨、寂寞、痛苦和無聊,甚至認為活著都失去了意義。

然而,她們不知道的是,離婚並不是生活的結束而是生活的重新開始。抱著過去,只會讓你一蹶不振,不如放過自己,改變自己,讓自己踏上一個新旅程。

放棄過去,一切從頭開始。已經離婚了,就要從頭開始,把以前的一切都丟掉。人生最重要的是現在,而不是活在過去。過去的就讓它過去吧,未來的暫時不要多想。面對現實,不怨天尤人。

試著學習獨立生活。既然已經離婚了,就要學習再次獨立生活。現在有的是時間做自己以前喜歡的事,慢慢欣賞自己,讀自己喜歡看的書。

離婚後,要調整好心態,處理婚姻破裂的問題。離婚後,兩人互不干擾,不要再和對方藕斷絲連,否則會影響到以後的生活。

離婚後,要記取這次婚姻失敗的教訓,把這次失敗當成成長的一個階梯。

中篇　如何療癒婚姻之痛

一、離婚後的不良心理

離婚割斷了舊的婚姻關係，這並不意味著痛苦從此一去不復返，有些人反而會在離婚後產生一些不良的心理，如自卑、孤僻、仇恨、痛苦、畏懼、後悔、悲傷、憂鬱等。

如果離婚後，長期處於失眠和痛苦之中，又無法自我調整，那麼就要思考是否罹患了憂鬱症。如果是重度憂鬱症，常常有自殺的念頭，甚至會有自殺的行為，那麼就需要住院進行治療。在藥物治療的同時，也要進行心理治療。

二、離婚後的心理調適

（一）離婚後經歷的階段

不管出於何種原因，離婚後都要經過一段時間的調適才能逐漸走出痛苦。一般來說，離婚後會經過三個階段：不敢坦然面對離婚的事實、自卑封閉期和憂鬱期。

（二）離婚後的心理調適

成功的婚姻不是僅僅依靠一個人的努力，還會受到很多外在因素的影響。因此，離婚很正常，離婚者要正確看待離婚，盡快走出痛苦的陰霾。

面對離婚後的心理不適，我們可以採用十一種方法減緩。

第六章　離婚的正確處理

1・傾訴

述說就是一種緩解壓力的方式。因此，離婚後，可以向最信任的親朋好友訴說。他們的勸說、安慰、鼓勵會幫助你度過艱難的日子。當然，你也可以透過寫日記的方式，排解心中的煩惱。

2・多讀勵志類書籍

透過讀書，提升自我，改變對人生的看法。每個人都會經歷痛苦和磨難，只是每個人經歷痛苦的時間、事件不同而已。透過多讀書，特別是勵志書籍，從書中找到榜樣和力量，從而勇敢、堅強、樂觀、積極地去面對一切。

3・學會放棄和遺忘

要寬容大度，努力忘掉痛苦的往事。離婚之痛就像一塊巨大的石頭，如果一直背在身上，就會越來越重，所以繼續前行，就要輕裝上路，就要卸掉身上的那些石頭，忘記過去。人生很短，不要一直想痛苦的事。

4・利用暗示的力量

當你不開心或痛苦時，對著鏡子一遍又一遍地對自己說：「一切都會過去的，你一定會越來越好！」、「你今天很棒！」、「這種小事怎麼能打倒你？」或是直接用行動暗示自己，如化個美美的妝，穿上漂亮的衣服，買一束美麗的鮮花送給自己。

中篇　如何療癒婚姻之痛

5．充實自己，讓自己忙碌

白天你可以拚命工作，不讓自己閒下來胡思亂想；回家後，多做家事，打掃乾淨，然後做一些好吃的，讓自己開心；晚上讀一本感興趣的書，如果不想看書，你也可以約朋友去唱歌、跳舞、喝酒，前提是不過度放縱自己，以免傷害自己的身體。

年節假日或休息時間，你可以聯絡久違的朋友，主動打電話問候他們，主動幫助需要幫助的朋友，從幫助別人的過程中找到快樂和滿足。

6．用運動等方式讓自己快樂

當你無法靜下心來做事時，不妨去跑跑步、健身、游泳等。如果條件允許，可以去旅遊，不僅能分散你的精力，還能開闊你的視野，陶冶情操，而且一路上所見所聞，可以在增加見識的同時改變你很多想法。看到不同的人和事，對人生有新的感悟，從而改變自己的心情。

7．確立可實現的人生目標

無論遇到多大挫折，因為還有沒有實現的目標，所以要好好地活著。活著就是為了讓我們實現自己的人生目標，成為對社會有貢獻的人。在不同階段可以設定不同的目標，這樣才不會迷失自己，也不會失去活著的意義和價值。

8・建立正確的生活信念

每一個走進婚姻的人都抱著對婚姻的美好憧憬,但不是所有感情都能以圓滿結束。如果婚姻之路依然走到了岔路,那就坦然接受一切。當然,這沒有說起來那麼容易,畢竟離婚不是小事,畢竟我們曾付出了全部。但即使再難,也要告訴自己婚姻不是生活的全部,接下來的路還要繼續走,生活的信念不能忘記!我們可以參考學習以下三個建議。

第一,接受過去。

很多人在離婚後會意志消沉許久。但我們得知道,婚姻不是人生的全部,一段失敗的婚姻也是人生路上經歷的某件事情,無所謂對或者錯,繼續向前還會有風景出現。所以不如放下心結,坦然接受這個現實,生活的重點在未來而不是過去!

第二,規劃未來。

離婚後,大多數人都會對未來感到迷茫,不知道往後的日子該如何度過。與其得過且過,不如早點規劃自己的未來,既可以規劃事業(全心全意工作,爭取更好的業績),也可以規劃健康(減肥、健身或者做某種運動)。不管怎樣,人生不能止步於此,好好地規劃自己未來的人生,想想自己的工作,想想自己的家人,做好準備,從頭開始!

> 中篇　如何療癒婚姻之痛

第三，愛護自己。

好好愛自己，是最好的生活信念。歲月讓人慢慢變老，而離婚讓人更加神傷。歷經種種磨難，更要對自己好一點，買一件漂亮的衣服，多一點時間跑跑步，努力學習提升自己，這些都是愛自己的方式！

婚姻不是人生的終點，結束一段婚姻也不意味著人生的美好就此結束，好好經營生活，未來依舊很美！

9．學會自己找尋快樂

快樂要自己尋找，不要依賴別人。當我們痛苦時，要主動接觸人和認識人，安排好自己的生活。人生最值得信任的朋友是自己，所以，要掌握生活的主動權，不要讓別人牽著自己的鼻子走。

10．學會愛自己

每個經歷不幸或命運坎坷的人，不論是婚姻挫折、另一半外遇變心，還是疾病纏身或家庭發生變故、孩子發生意外，我們要學會掌握自己的人生，要用心愛自己！愛自己的身體、愛自己的健康，這樣我們才有足夠的能力去愛他人！只有學會愛自己，才能更好地管理自己的情緒、管理自己的生活方式，我們才能管理好自己的人生！

11．尋求心理諮商

離婚後如果長期無法調適自我，陷入痛苦、憂鬱無法自拔之中，特別是有強烈的自殺念頭或行為時，需要尋求專業心理諮商或心理治療。透過心理諮商師或心理醫生的幫助，走出離婚的痛苦。

第四節　單親家庭的教育

那些充滿恨和抱怨的家庭，父母不斷地互相責備和憤怒，無法讓孩子真正平靜下來，所以不要說為了孩子不離婚，而是思考若不離婚你們是否能給孩子一個溫暖的家庭。如果無法給孩子一個溫暖的家庭，也許離婚對孩子的成長更有利！和諧的家庭並不是父母必須一起生活，而是父母都能給孩子愛，家裡溫暖而平靜。家庭不在乎父母是否健全，而在乎家庭是否有溫暖和關愛。孩子是否享受待在有愛的家裡。如果離婚後能善待孩子，那麼比起天天爭吵、打罵的不離婚家庭，離婚更有利於孩子的成長。

一、親人可以彌補孩子缺少的愛

有個朋友說，她之前無法從原生家庭的傷害中走出來，總認為從小缺愛導致她不正常。直到一天她讀到一段文字，

說一個人即使從小沒有從父母那裡獲得充足的愛，但如果身邊其他親人或者朋友給予的愛取代了父母之愛，也可以彌補原生家庭的父母之愛。由於某些心理學書籍過度強調兒時的依戀關係對孩子造成的不良影響，過分強調原生家庭的傷害，導致從小缺少父母關愛的孩子總無法從原生家庭的傷害中走出來。但孩子如果與爺爺、奶奶、外公、外婆或者姑姑、舅舅等關係很好，也可以取代父母的愛。因而，只要在幼年獲得足夠的關愛，就可以健康成長。

因此，這個朋友說，她明白這個道理的那一刻釋然了，奶奶給予了她很多的愛。奶奶的愛讓她的人生充滿了溫暖和幸福，她不再渴求彌補父母的愛，而是重新審視自己，不再活在缺失父母之愛的失望和痛苦之中。

某些書籍過度解讀或者放大了父母的愛，把原生家庭對孩子的愛局限在父母的關愛上。當然，如果能獲得父母更多的關愛，對於每個孩子來說是最好的，但如果其他親人給予他們足夠的愛，他們一樣可以健康成長，因為每個人都有自癒能力。

二、允許雙方或祖父母（親家父母）探視

有些人離婚後帶著仇恨，不允許前任或者他們的長輩如爺爺、奶奶、外公、外婆探望孩子。為了一己之私，不讓另

一半或者長輩探望孩子,是對孩子不負責任的表現。

阿凱離婚後,五歲的兒子歸他撫養,妻子每個月可以來探視一次。但是,妻子搬走後,阿凱想起與妻子離婚前兩個人經常吵架的場景,氣憤不已,於是就想方設法不讓妻子探視。

儘管兒子總是哭著喊著要媽媽,但他就是不為所動,一直哄騙兒子說媽媽各種壞話。

讓阿凱沒有想到的是,兒子變得越來越不正常,不僅不開口說話了,還在幼稚園裡不斷地和小朋友打架。老師建議阿凱帶孩子看心理醫生,醫生告訴他問題就是孩子見不到媽媽。阿凱聽完後,後悔不已……

三、單親家庭也是正常家庭

家不在乎大小,也不在乎人是否多。不能說離婚後的家庭就不是正常家庭,就算單親家庭,如果其中有愛,也是正常家庭。

現在,離婚、再婚,父親或母親一人由於各種原因死亡的單親家庭不在少數。是否這樣家庭的孩子就一定不健康,心理就有問題?這與父母的教育有關。

有一個女孩,父母在她國一時離婚了,但她非常健康。父母離婚時徵求她的意見,她說:「你們感情不好,我不勉

中篇　如何療癒婚姻之痛

強你們必須在一起,這對你們也不公平。你們自己決定,我沒有意見。」父母離婚後,各自再婚時,又問她是否有意見。她說:「你們只要幸福,我就沒意見。」雖然父母離婚了,但他們很尊重她,依然愛她,而且,父母都不說對方的壞話。她說她的父母實際上挺相愛的,分居後才出現了很多問題,她理解他們。後來,她戀愛了,也徵求父母的意見,父母能與她好好溝通,並給她建議。雖然父母離婚了,但她很快樂,父母也很愛她。

另一個女孩,父母離異後,因為父親與他們家的保母結婚,所以,母親非常恨父親。女孩和母親一起生活,母親卻天天說父親的壞話,儘管她讀書的費用和生活開銷都是父親出的,但她從不會叫父親,見面時還經常辱罵父親,最後,這個女孩國中沒有畢業就輟學了,抽菸、酗酒、打架,最終成為問題少女。

離異家庭如果教育不一樣,結果也會不同。

即使父母健在的完整家庭,如果父母教育失當也會傷害孩子。有個學生說,她父親好賭、有酒癮,喝醉了還經常打母親。父母感情不好,她不理解為什麼父母不離婚?他們天天打架,家不像家,有家還不如沒家。所以,離婚不是造成孩子不幸的原因,而是離婚後是否能像正常家庭一樣對孩子負責任。

第六章　離婚的正確處理

女兒讀小學時，她有幾個比較壞的同學，如果誰的父母離婚了，就嘲笑他們很可憐，說爸爸媽媽離婚不要他們，因此，班上那些離異家庭的孩子都很自卑。國中時，很多同學的父母已離婚，但只要父母很愛他們，同學也滿羨慕的，並沒有因為父母離婚就嘲笑他們。所以，他們也能理解父母離婚是因為他們的感情不好，而不影響他們對子女的愛。

婚姻輔導課上，一個女子問從小在家庭中獲得愛比較多的孩子將來是否一定會比較幸福。我認為愛要適度，過度的愛會害了孩子，過少的愛也會傷害孩子。特別是單親家庭，家長不要因為離婚覺得虧欠孩子而過度溺愛，也不要認為孩子是負擔而冷落孩子。只要能給予孩子適度的愛，同樣能培養出身心健康的孩子。

因此，家不在乎大小，人數的多少，而是家裡是否充滿了適度的愛！單親家庭也是正常的家庭，不要因此感到自卑或與他人不一樣！

四、單親家庭可以培養成功的孩子

曾有節目介紹了一則故事：

有個女人生下了三胞胎女兒。三個女兒讀小學時，這位媽媽失業了，後因夫妻矛盾離婚。此後，她擔起了三個孩子的養育責任。每天，她早上四點就開始工作，靠自己微薄的

中篇　如何療癒婚姻之痛

收入,維持著一家四口的生活。後來,三個女兒都考上了不錯的大學。這是她最快樂的一天!看著這三個快樂、開朗、健康的女兒,誰也不會相信她們是單親家庭的孩子!

類似的報導很多,雖然不容易,但她們用自己的堅強和毅力,讓這些孩子健康、快樂地成長。透過她們的努力,這些孩子也能快樂成長。

因為有了單親家長無私的奉獻和全身心的付出,才讓這些單親家庭成長的孩子擁有了幸福和快樂!現在,很多健全的家庭養育一個孩子都感到非常艱難,可有位媽媽卻要養育三個孩子。這位母親沒有再婚,她把全部的努力和愛都給了孩子,而孩子健康成長就是對她最大的回報!

有些人對單親家庭抱有偏見,誤以為單親家庭成長的孩子就一定有問題。的確,單親家庭的孩子比較可能出現問題,但並不是說單親家庭就一定無法培養健康優秀的孩子!

社會和學校要寬容一點,理解不同的家庭有不同的生活方式。家並不在乎房子是否寬敞,也不在乎人口的多少,哪怕是一個人、兩個人依然可以叫「家」,只要這個家有溫暖、有親情、有愛!我們應該拋開對單親家庭的偏見,讓這些孩子不要生活在學校或社會輿論的壓力之下。只要這些單親家庭的父親或母親不要因為經濟困難或生活壓力而悲觀,如果家長人格健全、心理健康,能以積極、樂觀的心態影響

孩子，孩子一樣可以健康成長。

無論你是單身的父親還是母親，相信自己有能力培養健康的孩子！不要給自己太大的壓力，不要過於在乎別人的眼光，家長的心理健康是培養孩子心理健康的保證！

不要自卑自憐，不要期待別人的同情和可憐，只有依靠自己，別人的幫助才有用！只有你足夠堅強和自信，有足夠的安全感，你才能成為孩子的力量！要相信自己有能力為孩子撐起一片天空，相信自己可以照亮孩子的心靈！

五、單親家庭教育的智慧

父母都在身邊的孩子固然是幸福的，因為有爸爸媽媽的雙重陪伴，既能享受到母親的溫柔，也可以享受到父親的厚重。但是，並不是每個家庭都能一直保持完整，當婚姻出現裂痕，最無辜的孩子往往受傷最深。對於年幼的孩子來說，家庭的破裂對他們的傷害往往比父母所受的傷害更大，這樣的孩子往往會變得敏感、脆弱、情緒自我調節能力差，殘酷的現實會讓他們滋生出自卑、焦慮、叛逆、悲傷的情緒，甚至罹患憂鬱症。

因此，對於單親家庭的孩子，在教育上需要更加用心。特別是撫養孩子的一方，一方面要承受婚姻破裂帶來的傷痛，另一方面要面對一個人撫育孩子的艱辛，其間需要付出

中篇　如何療癒婚姻之痛

的辛苦可想而知。但不管怎樣，孩子仍然是父母血脈的延續，父母仍要竭盡全力為了孩子努力改變，甚至需要額外學習。只有這樣，才能盡可能彌補家庭的不完整給孩子帶來的缺憾和傷害。

(一) 離婚後保持積極樂觀的心態

有些父母在婚姻失敗後會自暴自棄，對生活充滿種種怨恨，甚至怪罪於無辜的孩子。單親家長一個人幾乎要承擔生活和孩子的所有問題，固然不容易，既然事已至此，就要坦然接受，並為了孩子而放眼未來，勇敢、堅強地繼續生活下去，努力豐富自己的生活，讓孩子在自己的身邊可以快樂地成長。

另外，單親父母需要更加努力工作，給孩子力所能及的物質生活，豐富孩子的精神世界。只有父母自己積極樂觀地生活，孩子才能看到生活的希望和美好，才願意積極努力，才能成為一個身心健康的孩子。單親家長的快樂情緒可以帶給孩子滿滿的安全感和歸屬感，使他們有信心、有力量創造更美好的生活。

此外，單親父母可以鼓勵孩子積極參加活動，以緩解孩子壓抑的心情，培養其積極的心態。比如可以定期帶孩子參加一些運動活動，讓孩子盡快從家庭變故的悲傷中走出，逐漸培養開朗自信的性格。

第六章　離婚的正確處理

由於前夫好賭,小惠選擇了離婚,並努力爭取到了孩子的撫養權。有人說,小惠太傻,一個人生活再帶一個六歲的孩子,生活肯定十分艱難。但是小惠卻說,既然離婚了就說明自己的生活要有新的開始了,什麼也不怕。

果然,小惠並沒有像其他離婚者那樣自怨自艾,而是找了兩個兼職,雖然辛苦,但是時間自由,她可以按時接送孩子上下學。每天晚上和孩子一起吃晚餐,陪孩子寫作業,並一直鼓勵孩子遇到困難不要退縮。

在小惠的陪伴和鼓勵下,孩子也漸漸開朗了起來,成績連續幾年都是名列前茅。後來,也順利考上了好大學,工作後還成為整個部門最受歡迎的人。有人問孩子是什麼力量讓她總是保持積極樂觀?她說:「媽媽告訴我,過去的事情過去就好了,沒有什麼能比得上開開心心地努力生活。」

不得不說,小惠是一個懂得生活的人,不僅沒有因為離婚而變得消沉,還將孩子教育成陽光開朗的人。

(二)不要在孩子面前說另一半的壞話

孩子對父母都有感情,所以不要在孩子面前講另一半的壞話。即使另一半是導致離婚的罪魁禍首,也沒必要講對方的壞話。離婚說明雙方感情不和,但孩子是無辜的,應盡量維護對方在孩子心目中的形象。

中篇　如何療癒婚姻之痛

　　有些人因為伴侶外遇離婚心中不平衡，會把對另一半的仇恨講給孩子聽，在孩子面前貶低對方，在孩子心中播撒仇恨的種子。這會影響孩子與對方的親子關係，也可能導致孩子對婚姻產生恐懼，將來他們到適婚年齡就不想戀愛和結婚。所以，如果兩人離婚了，就不要刻意在孩子面前貶損對方。如果對方人品有問題，孩子長大後會有自己的判斷，不需要家長製造親子矛盾。

　　離婚後不要因此成為仇人，更沒必要故意貶損或詆毀另一方。

　　諮商室來了一個三十幾歲的男人。八年前，他拋棄妻兒離家出走。他搭車離開時，年幼的兒子拚命追他，哭喊著不讓他走。那時，他和他愛人因為太年輕，沒有登記。八年後，這個男人認為自己有能力補償妻兒了，便想回歸家庭。但此時此刻妻子有了新的感情，不打算與這個男人和好。但男人希望女人能幫忙說服兒子，讓兒子接納他，因為兒子非常恨他，不願意和他接觸。由於孩子的心裡一直充滿仇恨，性格也很暴躁，在學校一個朋友也沒有。

　　這個男人八年音訊全無，也沒盡到父親的責任，但他和兒子的血緣關係不會因此割捨，所以，如果這位母親願意放下過去，幫助他們修復父子關係，在得到父愛後，兒子也許能變好。畢竟，多一份疼愛，孩子的心裡就多一分溫暖。

第六章　離婚的正確處理

（三）不要認為離婚後孩子很可憐

小鈞父母離婚後，爺爺、奶奶和外公、外婆都認為他很可憐，對他疼愛有加，什麼事都寵著他，溺愛他。小學二年級時上學遲到，他怕老師被罵，不敢進教室，因而逃學。學校通知家長後，繼母在網咖找到了他。回家後，繼母對他說：「你外公外婆都認為父母離婚後你很可憐。你哪裡可憐了？別人只有一對父母愛他，你有兩對父母愛你。你說誰對你不好，誰不善待你？你哪裡可憐了？」繼母又告訴他，他們對他的愛並不少，父母離婚並不是他可憐的理由。他和別人一樣，就算有的家庭父母沒有離婚，但他們也可能沒有得到這麼多的愛。不要認為父母離婚了，他就很可憐。這件事後，小鈞變了，變得不再膽小，因為繼母把他當成和正常家庭的孩子一樣，並沒有因為離婚就認為小鈞很可憐、低人一等，而是非常關照和愛護他。最終，小鈞順利地考上了理想的高中和大學。大學畢業後，他很快就結婚生子了。

有些家長認為父母離婚了孩子很可憐，因而特別寵愛孩子，尤其長輩對孫輩更加溺愛，好像父母離婚了就虧欠了孩子。離婚只是夫妻感情不好選擇分開，只要雙方能處理好離婚後養育孩子的事，離婚不會不利於孩子成長。孩子不會因為父母離婚而低人一等或者很可憐，所以父母或者長輩要改正錯誤的觀念。

中篇 如何療癒婚姻之痛

如果夫妻天天吵架,不能提供孩子一個和諧、溫暖的家庭環境,即使不離婚也會影響孩子的健康成長。

(四)別讓孩子為你的不幸買單

一個女子對親生父親充滿仇恨,對母親充滿了內疚和自責自罪感。她說親生父親重男輕女,由於不是男孩,她出生後父母就離婚了,此後父親音信皆無。母親再婚後又生了一個妹妹,但繼父不喜歡她,所以再次選擇了離婚。母親為了撫養她,只好將年幼的妹妹給了繼父。因為擔心新的情人又不願意撫養她,所以母親沒有再婚,而是單獨撫養她。

母女生活不容易,也沒有親生父親的消息。母親經常在她面前說因為她是女孩,所以母親才一再離婚。雖然偶爾繼父也希望母親回去,但只願意母親單獨回去。為了她,母親放棄了對小女兒的牽掛,和她單獨生活。在她心中,母親是最偉大的人,父親卻是個十惡不赦的人。她認為是她造成了母親的不幸,她是一個罪人。為此,她感到非常內疚,不和人來往,性格孤僻,非常痛恨親生父親。她每天活在內疚和仇恨中,十分痛苦。

我沒見過女孩的母親,也不知她父親和繼父是怎樣的人,但我不認為母親的不幸都是因為生了這個女孩造成的。母親從小灌輸給女孩的這個觀念讓女孩認為她是掃把星,是她為母親帶來了不幸。如果她是男孩,母親就不會如此痛苦。

第六章　離婚的正確處理

親生父親多年來沒給撫養費,也沒來探望她,這是親生父親的不對。但女孩母親不應該將再婚後又離婚等一切過錯歸於女孩。

有個男孩的父母離婚了,他和哥哥都被判給了母親。但由於父母都非常忙,所以,他從小由奶奶帶大。奶奶七十幾歲,不僅要做家事,還要種田養他,所以,奶奶很難照顧他。他說,小時候經歷了太多的不幸,被熱水燙到,幸好沒燙到臉和上半身。他還被火燒過,幸虧沒有變成殘疾。但由於體表嚴重燙傷和燒傷,他小時候經常被朋友取笑或責罵。這樣的痛苦,他無人傾訴,只能深深地埋在心中,同時也造成他自卑、自閉,不與人溝通。國中住校後的他無法和同學相處,想輟學外出打工,但又苦於年齡又太小。他感到十分痛苦。

父母既然決定生下孩子,就應努力承擔撫養孩子的責任,而不是離婚後不管孩子,或將年幼的孩子丟給老人撫養。比如那個從小被七十幾歲的奶奶帶大的男孩,因為奶奶無法認真照顧他,導致身上有大面積傷疤,並因此被年幼的同伴取笑養成自卑自閉的個性。而他的哥哥,終日沉迷於網路世界。他和哥哥都有心理問題,而他的父親僅僅是每月不定期給他們一些撫養費。

有些孩子因為父母離婚,青春期時容易染上不良嗜好,抽菸、酗酒、打架、逛夜店,有的甚至走向犯罪的道路,所

中篇　如何療癒婚姻之痛

以這些被父母拋棄的孩子往往容易成為問題孩子。

因此，每個決定生孩子的人都應該承擔自己的責任，不要將自己生活的不幸歸結於孩子。就如那個不幸的母親，她離婚後再婚再離婚，而她將所有的原因都歸結於她生下的第一個女兒，讓她的女兒從小生活在對父親的仇恨和對母親的愧疚中。這樣的孩子又怎能健康成長呢？

孩子需要成人的呵護，他們應該是天真無邪的，在適當的年齡做適當的事，孩子應該要享受他們的天真無邪，應該得到父母的關愛和呵護。所以，父母應該願意承擔和有能力撫養和教育孩子的責任後再生育孩子。孩子沒有要求生下他們，當還沒做好準備時，請不要生下他們，更不要讓他們為家庭的不幸買單。

我們的確常常聽到離婚的母親或父親對孩子抱怨，說「要不是你，我怎麼會離婚」，或者也會聽到他們說「要是沒有你，或許就不會走到這一步了」。的確，在一些夫妻離婚案件中，夫妻雙方也會因為孩子的問題發生爭執，甚至最後以離婚收場。

但是，作為成年人父母，絕不可以把離婚的責任推到孩子身上。孩子的到來首先是大人有了成為父母的意願，自己沒有做好父母的職責，怎麼可以抱怨孩子呢？夫妻離婚，對孩子的打擊絲毫不亞於父母本身，如果孩子還經常被父母抱

怨，那麼他們幼小的心靈往往會因承受不住而走上錯誤的道路，例如交一些行為不端的朋友，染上不良習氣，或者心理出現憂鬱等都有可能，父母切不可等到那時再追悔莫及。

孩子常常無力反駁我們的話語，但不代表他們心服口服。有些孩子會因為父母的抱怨而記恨父母一生。

很多不幸的人，都愛抱怨命運的不公、抱怨孩子不爭氣、抱怨上司不提拔……他們認為一切都是別人的錯，他們永遠都是正確的，卻從來不認為是自己的原因。因此，他們一生過得很痛苦。

學會為自己的不幸買單，學會從自身尋找原因，學會為自己的快樂負責，這樣的人生才能給予你想要的幸福和快樂！

(五) 單親家庭更要培養孩子的財商

很多離婚後的家長都很重視孩子的學業成績，自己拚命賺錢希望孩子將來過得更好，卻忽略了培養孩子的財商。但是，單親家庭的孩子由於家庭成員的不完整性常常使得孩子感覺生活和精神上不滿足，而如果家長能夠培養孩子的財商，則可以稍稍彌補。

(六) 單親家庭的性教育

帶著女兒生活的單親母親，要多一點警覺，多一點防備。在和異性交往時，不要單獨讓女兒與成年男人在一起，

> 中篇　如何療癒婚姻之痛

即使這個男人是妳的男朋友或再婚丈夫,也要多加防範。

單親家庭的父母要尊重孩子,特別是異性父母與孩子單獨生活時,更應注意。孩子到了一定年齡要和孩子有身體界限,不能隨便越界。要盡早與孩子分床睡,不要等到孩子十四、十五歲後才與孩子分床睡,這不利於培養孩子的獨立性,也不利於孩子養成對自己身體的保護意識。

(七)多陪伴孩子

週末或節假日,平日不與孩子生活在一起的另一方應主動聯繫孩子,創造各種機會多和孩子接觸。離婚只是夫妻感情的破裂,對孩子的愛不應就此割裂。除了承擔經濟責任,也應抽出時間陪伴孩子成長,不要因為離婚而減少了與孩子的接觸時間。

現代社會離異家庭越來越多。離婚後,只要父母能共同承擔起教育孩子的責任,關愛孩子,給予孩子足夠的愛,也可以培養一個身心健康的孩子。所以,父母不能因為離婚就不管教孩子,對他們不聞不問,而是要抽出更多的時間來陪伴孩子,讓孩子感覺到即使爸爸媽媽不在一起生活,他們對自己的愛也不會減少。

(八)愛才能消除離婚留給孩子的陰影

心理學研究顯示：夫妻離婚會對孩子產生短期的消極影響，導致孩子在這段時間內出現焦慮、憤怒等不良情緒；同時，由於家庭關係的變化會導致孩子缺乏安全感，這會讓孩子更容易產生反抗心理，並伴隨著某些破壞行為。

如果離婚後，孩子無法得到及時和足夠的愛護，就會延長這個時間，孩子受到的影響也更大，甚至出現無法挽回的錯誤。但幸運的是，離婚後如果孩子得到足夠的關愛，會大大縮減這一過程，也會使這一過程所產生的負面影響大大降低。因此，單親家庭的父母一定要多加關注孩子，呵護好他們幼小的心靈。

單親家庭的家長可以多多與孩子擁抱，或者其他的肢體接觸，多跟孩子溝通，了解孩子的想法，用語言和行動讓孩子理解什麼是愛。當孩子感受到了愛的力量，就會學著理解家人，理解同伴，也會慢慢地理解自己。當有一天，孩子面對他人的惡意時，就擁有了抵禦的力量，從而不會輕易崩潰，他也會懂得如何撫平自己的創傷，繼續走下去。

當然，並不是每一個離婚家庭的孩子都會出現缺愛的種種表現，如果孩子對父母的離婚有足夠的心理準備，或者離婚後父母對孩子的愛護依舊完整，孩子可能很快就渡過了不

中篇　如何療癒婚姻之痛

適應期，也不會帶來太大的影響。但是，也會有一部分孩子受到的影響比較大，出現比較嚴重的心理問題，僅僅依靠單親家長一個人的力量可能無法讓孩子回到正軌，這時一定要藉助專業的心理輔導來讓孩子早日擺脫離婚帶來的心理傷害。

第七章　再婚需要勇氣

離婚後展開的新戀情可能夾雜著新舊比較、擔心、猜疑、防備、新奇、嚮往等情感，而引來一些特殊的問題。因此，再婚關係更複雜，需要經過一定的心理調適。

第一節　再婚之路不平坦

一、理解父母再婚

有一個十六歲的女孩來諮商，她說爸爸兩年前過世了，媽媽、弟弟和她一起生活。最近媽媽想再婚，她和弟弟不願意，因為擔心媽媽再婚後被欺負。經過多次討論，他們始終無法達成共識。她和弟弟無法理解，媽媽為什麼想再婚。她很難過，希望媽媽理解他們，不要再婚。現在，他們和媽媽之間的矛盾很深。她渴望能恢復到以前和媽媽之間親密無間的關係，但又不知道該怎麼做。

很多兒女在父母一方過世或父母離婚後，不希望母親或父親再婚，因為他們擔心父母再婚後會減少對他們的愛。

婚姻的本質就是兩個人相互依靠、相互扶持向前走。馬斯洛把人類的需求分為五個層次，從低到高分別是：生理需

中篇　如何療癒婚姻之痛

求、安全需求、社交需求、尊重需求和自我實現需求。這五個層次的需求所有人都需要，任何一個層次沒被滿足，生活都會不圓滿，甚至出現問題。而在一段良好的婚姻裡，往往可以滿足多項需求。因此，再婚非常正常，子女和家人都應該理解和支持。

透過諮商，我希望女孩能理解母親，尊重母親再婚的想法。只是提醒母親再婚需要慎重，再婚後要注意孩子的安全，並不是所有的繼父都是孩子們安全的港灣。我告訴她，只有母親快樂，母親才有能力給她和弟弟快樂。

女孩說，她和弟弟都希望媽媽快樂，也希望他們和媽媽能像以前一樣親密。聽了我的建議，女孩答應回去和媽媽好好談談，願意尊重媽媽再婚的想法。

如果單親母親或父親不快樂，很難培養出身心健康的孩子。當我們連自己都照顧不好時，我們是無法善待孩子的。有些兒女反對父母再婚，一般有幾種原因：一是認為父母離婚只是衝動，覺得父母冷靜一段時間後仍舊可以復婚，這樣還是一個完整的家庭；二是擔心父母的財產會因為再婚而發生變動，導致父母最後人財兩空。對於子女的這些想法，我們完全可以理解，因此可以看情況分析，如果父母已經分開很久或者父母對於離婚早有準備，那麼說明兩人感情確實已經破裂，子女也不必強求，而讓他們各自尋求自己的幸福才

第七章 再婚需要勇氣

是最好的。對於後者，可以提醒父母在再婚之前釐清財務問題，這樣大家心裡都坦然，再婚後也不會因財產問題而不愉快。

人類自始就是群居動物，與人共同生活也是人性的一部分。

我們要在不違背道德和法律的基礎上尊重人性，這能夠提升單親母親或父親的生活品質，所以如果母親或父親想再婚，請不要為難他們。孩子的支持會帶給母親或父親加倍的幸福！

單身母親或父親獨自撫養孩子，他們需要承受各方面的壓力。如果沒有一個親密對象分享生活中遇到的難題，他們的思考和行為往往會比較偏激，而且，單身父母獨自撫養孩子時，很難像父母健全的家庭那樣尊重對方、關心伴侶，這樣的家庭往往家長不太尊重孩子。在這樣的成長背景下，他們的孩子也常常無法妥善處理和異性的關係，除非他們將來有幸遇到一個非常遷就他們的對象，否則，他們很難學會和異性相處。因為單親母親或父親，他們習慣凡事一個人做主，也就無法讓孩子學會尊重另一個人。

婚姻或多或少都會產生矛盾，但好的婚姻關係是善於妥協和遷就，善於寬容和接納對方的缺點，但單親家庭不需要遷就另一個人，所以孩子們無法從單親母親或父親那裡學到經營家庭的理念。所以，父母再婚不僅僅有益於他們自身的身心健

中篇　如何療癒婚姻之痛

康，也有益於孩子從父母那裡模仿理念、行為。所以，孩子們，為了母親，也為了自己，尊重他們再婚的想法吧！

二、選擇未婚女性再婚要格外謹慎

之所以下這個標題並不是對未婚女性有所歧視，而是就婚姻問題分析而已。

我們前面也講過，婚姻不是兒戲，也不是簡簡單單的花前月下，而是與柴米油鹽過日子。家豪離婚後，很快就有人介紹了一個未婚、比自己小九歲的女孩。兩人相親後，女孩覺得家豪高大帥氣，又比自己大九歲，一定很疼自己，而且男人離過一次婚，也一定會更加珍惜第二次婚姻。家豪對她也很滿意，工作不錯，人也很溫柔，不像前妻那樣粗魯。

但結婚後，家豪很快就厭倦了。原因是這個小九歲的女孩就像一個沒長大的孩子一樣，整天要家豪製造儀式感，一下說要家豪親手為她拼高難度的拼圖，一下要家豪必須在深夜十二點時送上生日祝福，晚一分鐘都會生氣……家事完全不做，不管家豪多晚下班，流理臺上永遠放著沒洗的鍋碗瓢盆。

此時的家豪真是叫苦連天。

選擇未婚女子再婚還面臨另一個現實的問題，就是再婚後的生育問題。很多人離婚前都已經有了孩子，有的甚至有

了好幾個孩子。但是與未婚女子再婚,就意味著兩個人多半還會有屬於兩人自己的孩子。這樣一來,孩子在家庭裡的位置就常常出現不平衡,甚至引發可怕的後果。

前幾年,新聞曾報導一對再婚夫婦駭人聽聞的悲劇。

男子張某離異後,帶著八歲的兒子。後經人介紹,認識了未婚女子林某。兩人相處期間,林某對張某八歲的兒子還不錯,經常買零食給孩子吃。於是,沒多久兩人就結婚了。婚後一年,張某和林某的孩子出生了,也是一個兒子。有了自己的兒子之後,林某開始對大兒子心生諸多不滿,總覺得原本應該全部屬於自己兒子的財產會被大兒子分走一半,所以總是處處刁難。

孩子的祖母看出了林某的惡念,因此多次和林某爭吵。林某於是開始痛恨這一家人。終於有一天,張某不在家,孩子的祖母再次和林某發生衝突,林某竟然將老人一把推開,大兒子見狀也上前幫助奶奶,結果三個人扭打在一起。最終,祖母被林某推倒在地,頭部重傷,不治身亡;大兒子也在混亂中受傷⋯⋯

三、再婚夫妻往往會更愛自己的親生孩子

有一則重組家庭的故事是這樣:夫妻再婚後,兩人與妻子的兒子一起生活。原本生活平靜,丈夫認為妻子主動做飯

中篇　如何療癒婚姻之痛

照顧家庭生活很不錯,對妻子很滿意。但自從妻子的兒子讀高中後,妻子過去陪讀,照顧兒子的生活,夫妻聚少離多。妻子兒子讀高二那年的情人節,丈夫邀請妻子回家一起過節,妻子也同意了。

妻子六點多回家,七點就接到兒子班導打來的電話,說她的兒子今天沒去學校。妻子很心急,準備去學校找兒子。丈夫以今天過節為由,希望妻子留下來陪他,並想與其發生性關係,但妻子拒絕了丈夫。最終兩人發生激烈的衝突,丈夫最終失手掐死了妻子。

再婚家庭如果雙方各自有孩子,那麼,妻子或丈夫對自己孩子的愛會超過對伴侶的愛。這並非自私,而是人之常情。因此,選擇再婚的人,一定要做好心理準備。

四、充分理解再婚的痛

有過一段失敗的婚姻後,人們往往覺得自己有了經驗和教訓。但讓人遺憾的是,許多人發現再婚生活往往比第一次婚姻更難維繫。所以,想要再次走進婚姻的人們,為了能讓再婚生活圓滿和諧,不妨充分理解以下情況。

第一是情感負擔。雖然經歷了一次婚姻失敗,但俗話說「一日夫妻百日恩」,即使分開,一般來說兩個人也不可能完全斷絕關係。可能會導致他們在新的婚姻關係中與前妻或前

第七章　再婚需要勇氣

夫比較，進而使得和現任之間缺乏信任和安全感，影響夫妻關係。此外，正是因為經歷過失敗的婚姻，他們可能會更害怕，因此對婚姻關係的要求可能會更高。

第二是孩子。如果一方或者兩方都已經有了孩子，再婚時則需要考慮如何與新伴侶及他們的孩子相處。有時，新伴侶可能不喜歡自己與前妻或前夫的孩子，或者孩子也可能不喜歡新伴侶。這些都可能導致再婚夫妻之間產生矛盾和摩擦。

第三是經濟壓力。再婚家庭中，由於雙方都有可能帶有子女，因此夫妻需要面臨的經濟壓力將會更大。這也會導致再婚夫妻之間產生矛盾和摩擦。

總之，再婚可能沒有想像中那樣簡單，這些困難和挑戰表明再婚夫妻需要更加努力地經營婚姻關係。

五、有的繼父母包藏禍心

再婚夫妻，尤其孩子年齡很小時，有些繼父母沒有那麼善良。配偶在家時，他們對繼子女不錯。當配偶不在家，他們單獨和繼子女相處時，往往不太友善。因此，再婚家庭，當年幼的孩子出現情緒問題或痛苦時，親生父母必須重視，否則，你的粗心大意可能會導致孩子受到傷害。

電視報導一個小男孩因身體受傷而住院。在醫院治療

中篇　如何療癒婚姻之痛

時，大家看到繼母對男孩照顧得無微不至。醫生卻感到非常奇怪，男孩每天都會出現新的傷痕。醫生問他時，他也不敢回答。最後，當繼母不在身邊時，男孩才敢偷偷告訴醫生，繼母總會趁沒人的時候傷害他。最終，醫生報警，繼母才被抓了起來。而男孩的父親及家人都說繼母對男孩很好。實際上，繼母經常虐待小男孩。

第二節　再婚經營之道

一、再婚時的心理調適

阿美離婚八年了，一直不敢再婚。她一個離過婚的朋友和她說起了自己的經歷。她說，當時和男友在戶政事務所準備登記，旁邊正好有一對夫妻要離婚。那對夫妻五十幾歲了。工作人員勸他們說：「你們不要離婚，都年紀這麼大了。離婚如果再婚，也不一定會理想。有的離了一次，又離第二次、第三次。我們見太多了，再婚的很多最後還是會來這裡辦離婚手續。還是原配夫妻好，而且你們還有孩子。」朋友說，當時真的很尷尬，她正好是再婚，她和男友也都離過婚。聽他這麼一說，她都不好意思登記了。

但阿美今年回了一趟娘家，她對再婚有了新的看法，她說，是她的親人改變了她對再婚的認知。

第七章　再婚需要勇氣

一個是她堂姊。讀高中時,堂姊是她的老師,比她大二十八歲,現在七十歲了。她知道堂姊的婚姻很不幸。他們時常吵架,還經常把家裡的東西砸壞。

堂姊只有一個兒子,當時讀小學。以堂姊的年齡完全可以多生幾個孩子,但她只有一個兒子。因為堂姊夫妻二人常常吵架,兒子上課經常遲到。老師問他怎麼又遲到了。他說:「爸媽又打架了。」以至於全校都知道他的父母經常吵架。一直吵到阿美讀大學。阿美的堂姊不但長得漂亮,也很會教書。她的學生多數考上了頂大。因為婚姻問題,阿美無法為堂姊感到驕傲,也從不敢去她家。作為學生,他們不能理解老師的家庭也會打架。阿美覺得堂姊總和她丈夫打架是一件很丟臉的事。

這次阿美回家,再次看到堂姊,才知道堂姊退休後離婚了。現在有了新的家庭。她問堂姊過得好嗎?堂姊說現在過得很好,很幸福。阿美說,那時他們整天吵架讓她很難堪。堂姊說前夫很粗魯,無法和他溝通。再婚的丈夫很理性,和她年齡相當,也離過婚。他們各自都有孩子,孩子也大了。兩個家庭的孩子相處很融洽,對他們現在的結合也很滿意。堂姊知道阿美也離婚了,也知道阿美至今沒有結婚。她告訴阿美,再婚家庭也可以經營得很好,但不論找什麼樣的人當丈夫,一定要有三點:一要有上進心、責任心,對老婆和孩

中篇　如何療癒婚姻之痛

子好；二要脾氣好，因為性格很難改變，如果性格不好，相處時會經常吵架；三要不好色，一個男人如果花心就說明他人品不行，以後也會在生活中有各種問題。

堂姊說她過去的婚姻很不幸，吵了四十年，退休後總算離婚了。再婚後，她和丈夫很相愛，彼此溝通良好。她希望阿美不要害怕再婚。

阿美說讓她更感動的還有表哥。表哥年輕時是職業運動選手，是一個非常帥氣的男人，妻子不幸因病去世，留下兩個年幼的女兒。為了孩子，表哥沒有再婚，直到孩子上國中。

後來透過朋友介紹，他認識了現在的妻子。她帶了一個男孩過來和他一起生活，那時孩子還小。他們在一起很幸福。誰知命運再次讓他痛苦不已，妻子的兒子十九歲時因病死亡。妻子因為無法承受這個打擊，精神受到了極大的刺激。而當時他正在一個集團擔任要職，為了妻子，他想提前退休。但上級不同意，他就說：「我第一個妻子病逝，讓我的家支離破碎，有了這任妻子家才又圓滿了。我不能讓第二個妻子住院，不能讓家再次破碎。」上級被他感動了，只好同意了他的請求。當時這是許多人夢寐以求的職位，但為了妻子，他認為錢和權力都不重要了。

表哥花了兩年陪妻子到各地旅遊，精心照顧妻子。這兩

第七章　再婚需要勇氣

年,他幾乎沒有回家。因為只要在家裡,就會勾起妻子對往事的回憶。而一觸及往事,妻子就以淚洗面,無法平靜。阿美問表哥,嫂子的病現在好了嗎?他說,好了。表哥說,他們現在生活得非常幸福。妻子對他比以前更好了。表哥告訴阿美,如果一個男人真愛一個女人,是願意為這個女人付出一切的,任何犧牲都不在乎。表哥要阿美相信:這個世界,還是有真感情、真愛的!哪怕再婚,也一樣有幸福和美滿的婚姻!他希望阿美能再次走進婚姻,不要因為離婚就不相信感情。

　　阿美被他們的故事打動了,也相信再婚的家庭一樣會擁有幸福和真愛!她相信這個世界上還有許多像她表哥一樣對家庭負責任的好男人!她說她現在對未來充滿了希望,也相信即使再婚也能擁有美滿、幸福的婚姻!她再也不怕再婚了!

　　諮商中常見的因再婚出現的心理問題有:與前夫(妻)比較後失望的心理、害怕再受傷害的恐懼心理、隨意將就著生活的心理、多疑猜測的心理、嫉妒前夫(或前妻)的心理等等。據不完全統計,再婚者又離婚的機率很高,可能與這些心理問題的處理不當有關。

　　準備再次進入婚姻的人除了考察對方的年齡、身體和社會條件之外,還有兩點也需要深入了解:一,對方因什麼而離婚?二,自己的心理準備或心理調整好了嗎?為性,還是

中篇　如何療癒婚姻之痛

為愛？為自己，還是為孩子？如果沒有準備好就輕率地再婚，那麼再婚可能又一次演變為傷害。

如何克服再婚時的心理障礙？

首先，要反省第一次婚姻失敗的原因，要反躬自省。如是否在家庭中的角色扮演不當？是否過分自私自利，蠻不講理？是否固執己見，溝通不順暢？是否以過激行為來懲罰對方？

其次，總結教訓，學習經營婚姻的方法。婚姻失敗並不可怕，不幸福的婚姻解體很正常，可怕的是不會從第一次婚姻中總結教訓，並學習經營婚姻的新方法。

再來，對再婚抱有合理的期待。特別是雙方都有子女的重組家庭，婚姻關係會更加複雜，要考慮到繼子女教育問題、與前夫前妻的關係問題、再婚後的經濟關係等問題。例如，對雙方婚前財產是否需要簽訂協議，對婚後經濟的承擔如何劃分責任。婚前小人，婚後君子，為的就是防止因再婚準備不足，再次導致離婚的結局。

最後，必要時去婚姻諮商或調解。當婚姻產生矛盾時，往往是旁觀者清。所以，藉助外力，也許更能看到婚姻的真相和彼此需要調整、改變的地方，而不是一味選擇離婚的方法來解決問題。

人生很短，安穩才是幸福。所以，盡量挽救婚姻，不到迫不得已，不要輕易離婚。

二、再婚家庭經營之道

雖然經歷過一次婚姻破碎之痛，雖然曾一度以為不再相信任何人，但是當愛情的軌跡再次交疊，兩顆曾經破碎的心再度感受到彼此帶來的溫暖時，生活將再次向著光明出發，人生也將迎來新的篇章。然而，經歷了一段失敗的婚姻後，他們常常會背負著沉重的包袱、深深的傷痛和對未來的恐懼。因此，如何經營這段婚姻成為再婚夫妻必須要思考和面對的重要問題。

(一) 包容彼此的過去

再婚家庭，不少是離婚後的重組家庭。重組家庭的關係比較複雜。因此，如果彼此真心相愛，就要學會互相包容和遷就，不要過多糾結對方的過往。

愛一個人就要接納他的一切，包括他的過去。社會對男女往往有兩種不同的道德標準。道德標準常常對男人要求低，對女人要求高。男人如果在婚前有一些浪漫的愛情故事，許多男人會以此為榮，而妻子一般也不介意，會理解和原諒；但同樣的事如果發生在女人身上，丈夫就很難包容。

(二) 重視溝通

《弟子規》中說：「言語忍，忿自泯。」意思是：如果大家在語言上互相忍讓，心裡的不滿也就自然而然會隨著時間

的推移而消散。這說明語言溝通在人際關係中非常重要,而再婚家庭尤其如此。

很多再婚夫妻將很多時間和精力都浪費在彼此的傷害和爭吵中,如果我們把過多的時間和精力浪費在夫妻的矛盾和仇恨中,就無法集中精力做事,自己也會不快樂。既然當初選擇了對方,為何不學著寬容一點?多誇獎對方,懂得「言語忍,忿自泯」,婚姻才會經營得更好!

(三)處理好雙方經濟的關係

再婚家庭如果對金錢過於計較,往往會影響夫妻之間的感情,甚至導致婚姻破裂。《弟子規》中說:「財物輕,怨何生?」其意是指如果大家都把財物看得輕一點,怎麼會有怨恨?

所以,再婚家庭最好要簽訂婚前協議,比如,關於婚後財產、收支方面的安排等。如果再婚的家庭婚前雙方都有子女,建議經濟方面最好平攤分配。

第三節　再婚家庭的教育

一、善待繼子女

一個高雅貌美的女人說她很痛苦,她和丈夫是再婚家庭。丈夫離異後帶著一個三歲的女兒和她結婚。雖然工作非

第七章 再婚需要勇氣

常忙,但丈夫對她的愛讓她很感動。她覺得丈夫對她很好。可現在丈夫因為女兒課業的事,每天不是和她吵架就是和她冷戰。她說繼女十六歲,抽菸、喝酒、偷錢、和混混交往密切,是不良少女。她說繼女沒有遺傳到丈夫儒雅有度、成績好的優秀基因。

丈夫和我見面後,對我說,女兒小學轉學五次、國中轉學三次,女兒常常去幾個親戚家,就是不和繼母說話。也不知從哪裡學的,女兒國中時染上了抽菸、喝酒、偷錢的壞習慣。

我說讓我見見孩子吧。那是一個美麗的女孩,白淨豐滿,一雙大眼睛。和女孩談了很久後,我覺得女孩很乖,並不如繼母說的那般十惡不赦。她承認交了男朋友,但沒有發生更進一步的關係,因為她有底線,男友也是國中生。抽菸是因為經常心情不好,很壓抑。喝酒是因為同學生日。女孩和我聊得很開心,也答應用心讀書,但不願與男朋友分開。聊到偷錢的事,她知道是自己不對,以後不會再偷父親的錢。我留意到女孩其實有很多優點。

繼母來了,看她笑得那麼開心,說了一句,「看樣子,你們談得很好?笑得那麼開心。」女孩一聽,臉立即沉了下來。她們在一起時,我感覺非常壓抑。繼母依舊述說著女孩的種種缺點和不足,還說女孩的母親很沒品,一定在中間挑撥等等。

中篇　如何療癒婚姻之痛

　　看到繼母所做的一切，我相信她才是那個讓女孩變壞的元凶。一個在責罵聲中長大的孩子，你又如何指望她成為一個自信和心理健康的人呢？

　　繼母和女孩在家裡幾乎不會交流。儘管女孩非常優秀，但繼母看到的卻都是女孩的缺點和不足。而女孩的父親每天聽著寶貝女兒被罵得一無是處，自然忍不住暴跳如雷。

　　在一處農家，六十五歲的小曹正在哄繼子阿明吃飯。阿明經常亂發脾氣，不吃飯，小曹只好慢慢開導。這樣的日子，小曹已經過了二十幾年。

　　近三十年前，小曹與鄰村的小華結婚。但小華嫁給他時，帶著一個七歲且生活不能自理、智力有缺陷的兒子。對此，小曹沒有任何怨言。他說：「孩子到我家，就是我的兒子。」他還替兒子取了新名字 ── 阿明，希望孩子能順順利利長大。

　　但是，孩子對這個陌生的「爸爸」卻很抗拒，到處摔東西，甚至隨處大小便，小曹卻從來沒對孩子發火。他聽說智力有缺陷的孩子需要多溝通，就每天耐心地教他說話；聽說按摩對孩子很好，他就每天晚上幫孩子按摩……皇天不負苦心人，在小曹的悉心照顧下，阿明不僅學會了簡單的溝通，還能正常走路了。

第七章 再婚需要勇氣

然而，二十年前小華不幸患上肝癌去世。看著疲憊的小曹，有人建議他把阿明送走。小曹卻說：「我怕他在那裡被欺負，還是我自己照顧更放心。」就這樣，小曹一個人更加忙碌和辛苦，務農、做家事、照顧兒子，幾十年如一日，始終沒有抱怨過一句。

作為繼父、繼母，我們也許無法像對待親生子女一樣對待繼子女，但我們可以保留一顆善良之心。對待路邊乞丐尚且充滿愛心，為什麼不能像做好事一樣善待繼子女呢？遇到孤兒或缺少家庭溫暖的孩子都能充滿愛，為什麼不可以這樣對待繼子女？不求他將來回報，但至少求得心安，自己沒有毀掉這個孩子。

一個成年人，想毀掉一個孩子很容易。因為孩子無法和成年人抗衡。成年人對孩子的批評、指責或是冷漠都會讓孩子變得自卑孤僻，引發心理問題，做出不理智甚至危險的行為。父母對孩子最好的愛就是鼓勵孩子，欣賞和認可他們，將他們培養成為獨立生活的人！

一個在家中得不到欣賞和讚美的孩子，在批評和責備聲中長大的孩子，怎麼可能成為一個優秀的孩子？一些繼父母經常誇他們自己的孩子多麼優秀，但為何不能用一個欣賞和愛憐的心態對待繼子女？那些年幼的孩子，因為有了你的鼓勵和表揚，他們才會自信。

再婚的人，善良應放在人品的第一位！如果能欣賞和讚美繼子女，那將是你給他們最好的教育和禮物！當你用欣賞的態度對待孩子時，他也不會忘了你，也會以自己的方式回饋給你！

二、包容繼子女

對於繼子女，我們要更加謹慎。畢竟不是親生子女，他們會更加敏感一些。如果親生父母有袒護他們的舉動或言語，繼父母就要注意自己的言行是否妥當。孩子被親生父母打罵之後，也許他們不會和親生父母計較，但如果繼父母對待繼子女太過苛刻，就會造成繼子女的反感和仇恨。

三、親生父母扮黑臉，繼父母扮白臉

在解決矛盾衝突的過程中，一方充當友善或令人喜愛的角色，一方則相反。扮白臉和扮黑臉是一種重要的溝通技巧，但需要配合好才能獲得良好的溝通結果，如果使用不當可能會適得其反，特別是扮黑臉的角色一定要掌握好度。兩者相配合，從而達到更好的效果。

當子女的教育出現問題時，親生父母教訓他們、批評他們，他們一般都能夠接受。但如果是繼父母如此對待他們，就會引起他們強烈的不滿甚至是怨恨。

四、用心教育繼子女

美國第十六任總統亞伯拉罕‧林肯出身於一個貧苦的家庭。八歲喪母,一年後,他的父親湯瑪斯又娶了一位妻子莎拉(Sarah Bush Lincoln)。莎拉從不掉眼淚,但當林肯當選總統時,她激動到哭了。西元一八一六年冬,林肯赴任總統前,冒著風雪回鄉與莎拉告別。四年後,林肯遇刺身亡。當人們來探訪時,莎拉重複了她以前對人們說過的話:

「他(林肯)從來不曾對我說過一句使我難堪的話。」林肯當選總統後曾經這樣說:「我的一切都屬於我天使般的母親。」有人問,你指的是哪一個母親?「兩個。」他肯定地回答。

莎拉作為繼母,有一顆仁慈寬厚、默默給予的愛心,正是這樣一份愛滋潤了林肯的一生。難怪有人說:「主宰美國命運的,不是臺面上的國家總統,而是他背後那位偉大的母親。」

所以,只要用心教育繼子女,他們也一樣會努力給予同樣的回報。親生父母給予了孩子生命,但繼父母如果能發自內心地善待他們,他們也一定不會讓繼父母失望。

中篇　如何療癒婚姻之痛

下篇
走出原生家庭創傷

下篇　走出原生家庭創傷

　　初次與一個朋友見面，當他得知我是心理諮商師後，問了我很多問題，因為他一直受困於原生家庭對他的傷害。他說參加了很多心理學的課程，看了很多心理方面的書。他還學習了精神分析、原生家庭等知識，從佛洛伊德《夢的解析》(The Interpretation of Dreams)到當今諮商師的暢銷書，他全都讀過。他看過的心理學書籍甚至比我還多。由於父母長期吵架，兩人一直處於分居狀態，傷害他和弟弟很深。他渴望透過自學心理學來治癒自己。但他看過了那麼多書籍後，才發現許多書只是一次次撕開原生家庭對他的傷口，卻很難找到一本書能教他們如何療傷。

　　他的話一直縈繞在我的耳邊。以二十年心理諮商和婚姻調解的經驗，我見證了太多的求助者。他們成長過程中遭遇原生家庭的傷害，也見識過無數的人走出原生家庭的傷害，活出最好的自己。因此，我想婚姻之所以不幸，是因為我們總期待找到一個伴侶，去彌補原生家庭缺少的愛，因此，如何療癒原生家庭的傷害，活出最好的自己是很多人都想解決的問題。

　　我參加過很多深度成長課程，發現很多人探索婚姻問題時，總是按照理想父母的標準去尋找另一半，期待另一半成為其缺失的理想父母，渴望另一半能無條件理解、支持和關愛自己。但在經歷了一次次傷痛之後，他們發現能給予無條

件關愛的人只有自己。只有自我成長了，才能成為一個擁有成熟愛情觀的人，不再期待從另一半身上獲得滿分父母的愛，而是學會自我關愛，主動愛自己，這樣才有能力愛別人！因此，在這一篇中，我期待從典型的個案中發掘如何愛自己，如何自我成長，最終治癒自我內在恐懼的孩子。

　　精神分析從歷史觀的角度分析個體成長之路，過於強調過去決定論，導致市面上有些書過度強調原生家庭的傷害，甚至出現「父母皆禍害」的思潮。但人的成長和成功，不是僅由過去決定，也由現在和未來決定。此時此刻的行為和對未來目標的關注也是很多人成長的動力和收穫理想生活的法寶！阿德勒的「目的論」（Teleology）也被越來越多的人接受。「目的論」和心理創傷有關。每個人或多或少都會有些心理創傷，但我們今天的人生並不是完全由過去的心理創傷造成的。不能總是用心理創傷為自己的失敗尋找藉口。每個人當下的行為，是由個體當下的目的決定的，這個目的會影響我們的人生。因此，我們的人生，不僅受到父母過去養育方式的影響，更要依靠自己對命運的掌控。父母和自我都會影響我們的人生，但最終自己才是改變命運最關鍵的人！

　　小麗從小生活在一個缺愛的家庭裡。當初，小麗的母親因為年紀大了一直沒結婚，而她的父親因為家裡很窮，一直也沒娶妻。後來，在媒人的介紹下，兩個沒什麼感情基礎的

下篇 走出原生家庭創傷

人匆匆登記了。因為家境貧寒,再加上兩人本來就不喜歡彼此,所以他們總是三天一小吵,兩天一大吵。直到小麗出生,也還是這樣。

小麗長大後,也結婚了。小麗的男友對她很好,這讓小麗覺得自己終於可以脫離以前那個紛爭不斷的家庭,展開自己的美好生活了。然而,世事難料。婚後,小麗的丈夫如同換了一個人,不僅經常貶低小麗,稍有不如意就對她拳腳相向。不堪忍受的小麗,帶著傷痛和傷心離開了那個家。

為了養活自己,小麗做起了小生意,雖然辛苦,每天也有一些收入。經過自己的努力,小麗慢慢地走出了過去的傷痛,生意也越來越好。現在她已經是一家公司的老闆了,小麗也成為很多人羨慕的榜樣。

小麗說,現在的自己已經變得越來越強大了,自己能迎來全新的生活,全靠當時敢從痛苦中走出來。

我有幸見證了很多普通人在經歷挫折、痛苦和不幸時,用自己的經驗,從困惑中走出來,從原生家庭的傷害中自我治癒。我想以這些普通人的故事告訴人們,沒有完美的家庭,也不存在完美的家長,因此,每個人都可能有來自原生家庭的傷害。但我們在撕開原生家庭的傷口自我治癒後,最終依舊可以成為理想的自己!如果只是不停地尋求心理諮商師的幫助,不斷地剖析原生家庭中父母的過錯,而不是主動

將傷害縫合，那麼我們的生命就只能在自卑和痛苦中度過。

本篇篩選的案例，均來自原生家庭經濟條件不好，父母教育程度偏低，教育方式以打罵、責備為主的家庭，甚至有的父母感情不和或父母雙亡，更有精神不穩定的父親想要傷害女兒。他們有些小學沒有畢業，有的讀技職學校，也有人有大學或研究所學歷。原生家庭均帶來了很大的傷害，但他們有一些共同點，不抱怨原生家庭的生活，自我治癒，好好活著。

人是有自癒能力的。只要自己不屈服，就一定可以改變命運。這些案例，是我從事心理諮商工作以來讓我很感動的個案。寫他們的故事時，每一個人都閃現在我的眼前。他們那麼有力量，勇於與命運抗爭。他們努力奮鬥，有勇氣和能力愛自己。他們走出原生家庭的生活，最後都活成了最好的自己！

現在有些書籍過度宣傳和放大了原生家庭的傷害，這是不可取的。如果說未成年之前，父母造成了很大的傷害，但十八歲之後，作為成年人的我們能為自己做些什麼，怎樣才能讓自己生活得更好？這幾個案例給了我們答案。正因為這些人，他們依靠自己的努力走出原生家庭的傷害，他們有能力愛自己，最後才有能力愛他人，理解他人的不容易，才不需要尋找另一半來彌補原生家庭的愛。

下篇　走出原生家庭創傷

　　如果我們沒有自我治癒，沒有學會愛自己，而是希望找一個伴侶，彌補原生家庭缺少的父愛或者母愛，那麼在婚姻關係中，我們需要的是找一個愛自己的全能的父親或者母親，而不是找一個互相幫助的伴侶，這樣是很難收穫幸福的。

　　一個人只有有能力愛自己，只有依靠自己修復了原生家庭的傷害，他才有可能去經營一段健康的婚姻關係，建立一個和諧的伴侶關係！

　　總之，只有早日治癒原生家庭的傷害，不斷學習經營婚姻關係的方法，才能維持一段長久的婚姻關係！

案例 1　夢想需要奮鬥

　　笑笑兒時的家境非常貧窮。她記得在三四歲的時候，特別喜歡到其他小朋友的家裡玩耍，因為他們的家長每次都會給笑笑零食吃。然而，貧窮使得笑笑的父母從來沒有買過零食給她，更別說和其他小朋友分享了。為此，父親也感到羞愧和尷尬，所以總是不讓笑笑去別人家裡玩。

　　因為知道家裡窮，笑笑認為她需要有長遠的目標，所以考上好高中就是她國中的理想。母親喜歡打麻將，父親要上夜班，因此笑笑晚上經常一個人在家讀書，為自己的目標努力。

　　笑笑父母工作不穩定，經濟條件不好，但父母的感情不錯。

　　父母對笑笑並沒有像其他獨生子女那麼寵愛，這反而讓笑笑變得十分獨立和勤勞。從明星學校畢業後，笑笑努力考上了公務員。她開始體諒父母的艱辛，畢竟他們教育程度不高，不能對他們要求太多。

　　大學畢業兩年後，笑笑存了錢準備考研究所，但母親想要買房。於是，笑笑將存款給了母親。笑笑說，母親最大的心願是希望有自己的房子，她放棄考研究所，而是成全了母親的心願。後來，父母生病，雙雙住院，又花了笑笑好不容

下篇 走出原生家庭創傷

易存下來的錢。

後來,笑笑經人介紹認識了現在的丈夫。笑笑說,當初希望找一個努力奮鬥的人,而不是媽寶,得依靠父母生活。丈夫來自普通家庭。兩人一起努力賺錢貸款買了房子,結婚後一起還貸。雖然累,但依靠自己讓她感到很幸福,而且她們的生活水準也不斷提高!

案例解讀

生活的苦難並沒有將笑笑打倒。透過自己和丈夫的努力,他們有了自己的房子,生活也過得越來越好。笑笑對我說:「今天的成績都是靠自己。我從小就知道無法依靠父母,所以我非常努力!」

每個人都有自癒能力,改變不了家庭但可以改變自己,只要努力奮鬥,我們同樣可以改變自己的命運。

一、記住父母的好,忘記父母的傷害

笑笑並沒有記恨父母,而是原諒父母。笑笑沒有奢望自己能有滿分的父母。因為父母雖然貧窮,但還是省吃儉用讓她完成學業。記憶中家裡也有很多溫暖的回憶,父母愛她,只是父母愛的能力有限,所以,笑笑更願意回憶父母對她的好。

二、不嫌棄父母沒錢，努力賺錢回報父母

父母無法賺大錢，笑笑理解，沒有因此嫌棄父母，又拿錢為父母治病。笑笑說失去父母後自己存再多的錢也沒意義。作為獨生子女，笑笑承擔起了贍養父母的責任。

三、自己不倒，沒人能打敗自己

沒有上補習班，沒有請家教，但笑笑考上了很好的高中和大學，不怨天不怨地，也不抱怨父母。她像堅韌的小草一樣茁壯成長！除非自己倒下，否則沒有人可以打倒自己！笑笑就是依靠這樣堅定的信念，擁有了如今幸福的生活。

四、不依靠父母，但可以自己奮鬥

笑笑知道每個人出生就不公平。有的人含著金湯匙出生，有的人卻只能依靠自己。作為貧窮家庭的孩子，必須付出更多的努力，才能收穫想要的幸福生活。

下篇　走出原生家庭創傷

案例2　活著是為了美好未來

小明七歲時，母親因產後憂鬱症自殺離開了他們。四個兒女、一個姑姑及年邁的奶奶，全靠他父親一人在苦苦支撐。沉重的負擔使得父親把所有的怨氣、痛苦都化成拳頭揮向了家裡的長子──小明。他一次又一次地被父親打到不敢回家。身上很痛，心裡很苦，小明每天以淚洗面。在父親的暴力下，小明的學業成績依然優秀，因為他知道靠別人不如靠自己，最終他考上頂尖大學，成為一名律師。

我問他小時候想過自殺嗎？小明說想過，但不敢自殺也不能自殺，因為他是父親唯一的宣洩出口。要是他死了，父親也活不下去。父親如果死了，家就沒了。我問他恨父親嗎？小明說，恨，小時候真的恨，因為每天生活在恐懼中。父親人生的不容易都會用暴力發洩在年幼的他身上。印象最深的是一次，他回家後看見一個人進家門，他誤以為是父親又要打他，一種恐懼令他突然向「父親」狠狠地打了一拳後迅速逃跑了。此後姊姊找到他，才得知他打的人是來家裡拜訪的二叔。

後來，父親不顧他們的反對將小妹嫁給了一個親戚。小妹婚後由於夫妻吵架跳河自殺，小明更加怨恨父親。但現在小明也當父親了，開始理解父親的不易和艱辛，父親為了他

們四個孩子沒有再娶。一個男人撫養四個孩子非常不容易。因為被父親痛打的經歷，小明從沒打過自己兒子一下，因為他懂挨打的孩子是多麼無助。

案例解讀

一、活著才有未來

小明受到來自原生家庭的傷害，尤其是父親的家暴和責備，但為什麼他會寬容父親，勇敢地活下來呢？小明說如果他自殺死了，這個家不再有快樂！當你選擇結束生命，以為解脫了，可留給親人的痛苦和陰影將一直陪伴著他們！

在很多原生家庭中，父母的教育程度和個人修養都是有限的。雖然他們內心深處愛孩子，但是他們還是會無意識地傷害孩子。當我們遭遇不幸想要放棄生命的那一瞬間，想想所愛的人和愛自己的人將承受多少痛苦，我們還有勇氣選擇死亡嗎？心裡還裝著父母、親人，我們怎能狠心地丟下、拋棄他們？我們沒權利結束生命，因為生命不僅僅屬於我們自己，還屬於所有愛我們和我們愛的人！而活下來，未來就可以重新開始。

下篇　走出原生家庭創傷

二、自我治癒才能走出原生家庭的傷害

小明成為律師後，主動找到心理諮商師，治癒自己幼年的傷害。也努力考上理想的大學，結婚生子後，他用心養育兒子，而不會像父親那樣家暴孩子。

三、讀書改變命運

小明這位律師，幼年喪母，被父親長期家暴，家境貧寒。他說從小很羨慕其他同學有母親，回家可以享用好吃的晚餐，會被母親溫柔對待，但他好像從沒吃過父親做過的美味飯菜。他有段時間經常去一個男同學家。這個男同學的母親總會留他在他們家吃飯。而如今的他現在也可以吃上美味的食物，擁有理想的生活了。

案例3 不能放棄的責任

小蘭問我:「老師您認為我很慘嗎?我的同學、朋友、親人都沒有見過比我更慘的。」我只能誠實地說:「妳好像真的是我見過最慘的女人。」

小蘭的父親在她十一歲、妹妹七歲、弟弟五歲時因為外遇而提出離婚。小蘭母親不同意離婚,最終自殺身亡。小蘭和弟弟、妹妹目睹了母親的死狀。於是,小蘭和弟弟、妹妹便與外婆生活,但外婆憂鬱、舅舅暴躁。沒多久,小蘭的父親就與外遇的女人再婚了。再後來,父親病故,繼母也離開了他們家。

十六歲的妹妹外出工作,一年後,患上了精神病。她只能帶著弟弟、妹妹一起上大學,住在租金便宜的小房間裡。依靠家裡出租的房租和課餘時間打工賺的錢,小蘭好不容易大學畢業,妹妹也在大家的幫助和支持下,緩解了病情,還找到了一份簡單的工作能養活自己,最小的弟弟也從技職學校畢業了。

小蘭大學畢業後嫁給了她的初戀。丈夫在結婚那一天答應她一輩子會好好愛她。結婚一年後,他們生育了一對雙胞胎。小蘭對未來充滿希望。但兒子兩歲半了還不會說話,女

> 下篇　走出原生家庭創傷

兒卻口齒伶俐。醫生診斷兒子有自閉症。小蘭問我：「為什麼老天爺要給我這麼多磨難？為什麼對我這麼不公平？」她甚至想帶著兒子一起自殺，她認為兒子是一個傻瓜，不認識她，不會開口叫媽媽。

我告訴小蘭，她沒有權力剝奪兒子的生命。隨著時間的流逝，小蘭帶兒子積極治療。在治療的過程中，她認識了很多自閉症孩子的家長，看到更多比兒子情況更加糟糕的家庭，她認為兒子並不是最糟的，便決定為了兩個孩子好好活著。那個承諾會愛她一輩子的男人，最終因無法承受壓力，離家出走了。當丈夫兩年後回家時，小蘭堅決地離了婚。好在公公、婆婆願意幫助小蘭繼續照顧兩個孩子。小蘭說，現在她只想多賺錢，為兩個孩子的未來生活和學業做準備。離婚後小蘭感到很輕鬆，拚命努力工作賺錢。由於從小養成的習慣，小蘭和弟弟、妹妹都非常節儉，生活也很平穩。小蘭說，兒子和妹妹都需要她照顧，她只能更努力賺錢。

案例解讀

一、責任讓我不能放棄

小蘭是不幸的，但她說自己不能像母親那樣自殺，丟下弟弟、妹妹和孩子。因為責任，她要好好活著。

二、賺錢養家最重要

小蘭積極主動地自救,並充實自我,為困境中的生活尋找到一條出路。小蘭說,她對愛情和婚姻已經不抱希望,因為不可能有男人願意娶一個有這麼多負擔的女人。所以,她必須要有能力賺更多的錢。

下篇　走出原生家庭創傷

案例 4　自我救贖之路

　　子安研究所畢業後在大學任教。他認為母親的強勢導致他得到了憂鬱症。父母離婚後，母親認為離婚都是父親的錯，因此不讓他與父親來往。子安幼年長期遭受母親的家暴，為了讓子安好好讀書，從來不准他到外面與其他小朋友玩。這讓子安有痛苦的童年，他很羨慕其他小朋友可以自由地在戶外玩耍，因此對母親充滿了怨恨。

　　結婚生子後，子安的憂鬱症症狀更加嚴重了。為了治療憂鬱症，子安嚴格按照醫生的要求吃藥、晨跑，即使颱風、下雨也堅持跑步。同時，子安還積極進行心理諮商，甚至自己也成為了諮商師。他希望透過自我治癒的過程幫助其他憂鬱症患者，也提高自己的經濟收入。

案例解讀

一、主動治療，療效更好

　　子安上網尋找各種資訊和做心理測試，當察覺自己不斷有自殺念頭和對母親的憤怒時，他認為自己得了憂鬱症，因而主動尋求心理諮商和治療。為了不讓身邊的人知道自己得

了憂鬱症，他只能利用週末的時間去諮商。結合藥物治療和心理治療，他希望自己能早日康復。

二、主動探索和療癒原生家庭的傷害

子安說母親對他的控制導致他不敢積極爭取合理的利益。他在工作中遇到一個困難。他不喜歡目前的職位，希望能換一個更喜歡的職位，但由於對權威的恐懼，他不知道如何向主管提出自己的想法。在心理諮商過程中，子安積極探索是什麼原因造成他不敢為自己爭取利益或為自己發聲？此後，與心理諮商師共同探索和分析中，子安勇敢地向上級提出了他的訴求，申請調換職位。結果，上級同意了。子安感到從未有過的開心和放鬆。轉到了新職位後，子安充滿信心，他的憂鬱、焦慮症狀明顯好轉，並準備攻讀博士。

子安說他感謝母親獨自撫養他，並嚴格要求他用心讀書。但他結婚生子後，不願意和母親生活，因為看到母親就會想起自己痛苦的過去。和妻子協商後，他們決定請保母，讓母親單獨生活，有時間就去看看母親，和母親的關係也緩和了很多。

憂鬱症的成因，有時是一些現實的困難沒有解決，導致患者焦慮、無法緩解憂鬱。一旦這些困難解決後，他們的憂鬱症就會好很多。

下篇　走出原生家庭創傷

　　有一位母親因為女兒大學畢業那一年遭遇車禍，導致脖子有些輕微地歪斜。這位母親擔心女兒找不到工作，或者會被男朋友拋棄等等，罹患重度憂鬱症。在遵從醫囑按時吃藥後，她的病情緩解了一點。後來，女兒大學畢業，順利就業，後來有了新男朋友，最終結婚。該母親的憂鬱症也很快就被治癒了。

　　還有一位男士，由於工作變動，突然離開妻兒，尤其是每次回家又要離開時，兒子一直在陽臺上哭喊，不願意讓他離開。這讓他十分傷心，罹患了重度憂鬱症。此後，他再次與妻兒團聚，憂鬱症也就自癒了。

案例 5　靠讀書改變命運

　　婉婷七歲時，父親被外遇的女人逼迫要離婚。父親說如果不離婚，那個女人要死給他看。婉婷的母親看到曾經深愛的男人為了要離婚而絕食，只好同意離婚。離婚後，父親每月支付生活費給她們，婉婷、婉玲和媽媽相依為命。

　　母親再婚後又生了弟弟和妹妹。繼父雖然老實，但非常小氣，不捨得為她和婉玲花錢。婉婷每次去和父親討生活費，繼父就躺在床上不起來。婉婷知道，因為繼父不願意給她和妹妹生活費。一次，婉玲發高燒，繼父說孩子生病自然會好，不要浪費錢去看醫生。婉婷只能抱著妹妹，任由妹妹哭喊，最後妹妹病死在婉婷的懷裡。那個場景婉婷說她一輩子也不會忘記。

　　家在偏鄉的婉婷知道，讀書是改變貧困的唯一出路。妹妹就是因為家裡窮困沒錢治病才死的，她一定要好好讀書。婉婷一直是校排第一名，國中畢業時繼父不願意再出錢供婉婷讀書，他希望婉婷國中畢業後考高職，但婉婷堅持讀高中、考大學。好在母親支持婉婷，因為母親知道讀書對婉婷有多麼重要。母親不惜與繼父吵架也要支持婉婷讀書。最終，婉婷大學畢業後考上了公務員。

下篇　走出原生家庭創傷

　　兒時看到父親因外遇而離婚，親眼看到妹妹死在自己的懷裡。婉婷認為結婚要嫁一個深愛自己的男人，不要像母親那樣嫁給一個她深愛的男人最終卻以離婚收場。婉婷結婚了，選擇了深愛著她、有責任心的男人。結婚生子後，婉婷非常努力工作，成為最年輕的主管，婚姻也很幸福。

　　婉婷並沒有就此止步，她還學習理財，在房價不高時用手裡的錢投資房地產，房價上漲後，婉婷家裡的資產也翻了數倍。

　　婉婷當然沒有忘記教育子女，畢竟自己也是靠著讀書改變命運的。她總是和丈夫耐心輔導孩子功課，因材施教。

　　現在的婉婷婚姻美滿，生活富足，孩子都已長大成人，他也終於活成了自己想要的樣子。

案例解讀

一、女人一定要讀書

　　婉婷堅信讀書可以改變命運。她說，學生時期，父親給的錢很少，她常常吃不飽，有幾次還在學校暈倒。就算再苦再難，她也要努力讀書。最終，她考上了理想的大學。

二、嫁人要嫁有責任心、深愛自己的男人

婉婷的丈夫是國中同學,彼此很熟,她對丈夫的原生家庭也很了解,公公是一個非常負責任的男人。所以和丈夫結婚後,他們成了一對模範夫妻。

三、工作後積極進取

工作後婉婷積極努力,不斷奮鬥後最終成為優秀的人才,不斷升遷,收入也穩定增加。

四、投資理財很重要

如果女人只會盲目賺錢,不懂投資理財也不行。在房地產很熱門的時候,她果斷投資買房。在同齡人中,她是第一個買房的女人,也是第一個有兩輛車的人。如今家庭生活穩定,夫妻各有一輛車,孩子的婚房也買好了,她也不用擔憂晚年的養老問題了。

五、用心投入孩子教育

並不是要養兒防老,而是不要讓孩子成為你晚年的負擔。因而,婉婷在孩子教育方面非常盡心。雖然工作忙碌,但還是親自輔導和教育孩子。婉婷的兒子比較晚熟,在婉婷耐心輔導下,兒子國中之後開始明白讀書的重要。考慮到兒

下篇　走出原生家庭創傷

子不愛讀書,因而將他轉到美術班。在老師的不斷薰陶下,兒子終於開悟並對所學專業非常感興趣,最終考上了很好的大學。如今兒子孝順,丈夫對婉婷呵護有加。婉婷說,是知識改變了她的命運。

案例6　未來依舊充滿希望

　　麗麗九歲時母親病故，那年妹妹七歲，弟弟五歲。在麗麗十五歲那年父親再婚。此後，麗麗又多了四個弟妹。十七歲那年，漂亮的麗麗被推薦到電臺工作。可是小學沒畢業的麗麗，擔心讀錯廣播稿，不願意去電臺，於是選擇到工廠上班。

　　離開家的那一天，家裡唯一能給她的是一床髒污的棉被。剛工作時，每月薪水很少，麗麗寄一半的錢回家，因為家裡還有六個弟弟妹妹。

　　雖然很多人來提親，也有很多追求者，但麗麗不敢追求愛情。她希望找個家庭條件好、能幫助她的男人。後來，麗麗嫁給了廠長的兒子。

　　婚後的生活不怎麼浪漫，但很平靜。麗麗有了一對兒女。我問麗麗，生活艱難時是否有過放棄的念頭？麗麗說她從沒想過放棄，她就想著一直努力，好好活著，相信將來一定會變好。「弟弟妹妹從小失去母親，作為大姊，我必須努力，才能為他們樹立榜樣。」

　　如今麗麗成了奶奶，憑著一家人的努力，在大城市有房也有車，日子過得很舒服。

> 下篇　走出原生家庭創傷

案例解讀

一、人生不易，好好活著

麗麗說無論生活有多麼艱難，她從沒有過自殺的念頭，因為她認為來到人世間不容易，就得好好活著。她想，未來她和弟弟、妹妹都能幸福地生活。她從小一直過著吃不飽、穿不暖的日子，如今住在大房子裡，享受著天倫之樂，她非常知足。

二、好好經營婚姻

雖然沒有愛情，但麗麗努力經營婚姻。丈夫老實厚道，麗麗也很用心管家，因此，婚姻平靜而和睦。麗麗知道自己從小失去母愛，因而個性比較強勢一點，但丈夫理解她，更謙讓她，她對此很感激。而丈夫作為富家子弟，比較揮霍，她總是好言相勸。所以，婚姻生活平靜而和諧。

三、家和萬事興

麗麗深信家和萬事興，因而和媳婦關係美滿，還主動幫忙帶孫子，讓兒子、媳婦能安心工作。如今祖孫三代同居一室，幸福滿滿。

案例 7　先愛自己才有能力愛他人

　　曉詩有個姊姊，她是家裡的老二，又是女孩，所以送到爺爺、奶奶身邊長大。弟弟是男孩，則在父母身邊長大。直到讀小學母親才將曉詩接回家。由於母親和奶奶關係不好，而曉詩很愛奶奶，所以母親並不喜歡曉詩。

　　曉詩第一次回到家，弟弟就對她說：「妳不是我們家的人，妳滾。」母親並沒有責備弟弟，曉詩感覺很受傷。有一次，上小學的曉詩放學回家後，因為感覺很累就上床睡覺了。母親回家後，以為她還沒回來，趕緊拿零食給姊姊和弟弟吃，還說：「你們快點吃，不要等她回來被她看見。」曉詩躺在床上聽見了，只能獨自流淚。這樣的事情太多了，她感覺自己是繼女一樣。曉詩很難過，因為從小到大自己從沒得到過母愛，而父親根本就不管家裡的事，她就像一個多餘的人。這種缺失導致她感到非常孤獨。高中畢業後，曉詩利用寒暑假外出打工，從此不再向母親要錢，生活費都是她自己打工賺來的。

　　曉詩說她無法理解母親，因為母親不喜歡奶奶，而她和奶奶感情好，母親就連親生女兒也不喜歡。從小奶奶帶大自己，七歲讀小學來到父母身邊，所以和母親也沒有什麼感情，但她相信自己能獨立生活。打工期間，她遇到了很多優

秀的人,他們對她很好。

父母的偏心導致弟弟個性偏激,母親很懼怕弟弟。工作後,曉詩成為家中最會賺錢的人。母親經常找各種理由向她要錢後再給弟弟。

曉詩高中畢業後,她沒再跟父母拿過一分錢。工作後,依靠勤奮和努力她成為所在品牌的銷售冠軍,帶領著自己的銷售團隊,最後成為最優秀的老闆,也找到了深愛她、善待她的丈夫。如今結婚生子,成為一個幸福又經濟獨立的女人。

曉詩曾是母親最討厭的人,如今卻成為給母親最多錢的孩子。她對母親沒有感情,更談不上愛,但她還是贍養父母。曉詩說,不是每個人生來就有人愛,如果沒有人愛就要學會自愛,因為愛自己才會讓自己變得越來越好,才能過上自己想要的生活,當別人需要時,才有能力去愛別人。

案例解讀

一、愛自己,不讓自己痛苦

高中畢業後,因為曾經遭遇家庭的不公平對待,讓曉詩很痛苦。她不懂都是同樣的父母所生,為什麼母親如此不喜

案例 7　先愛自己才有能力愛他人

歡她，對待她和大姊、弟弟完全不一樣。曉詩開始定期進行心理諮商，參加團體心理輔導，逐漸走出原生家庭帶給她的痛苦。在團體輔導中她主動分享自己的經歷，也促進了團隊其他成員勇於分享，強化了團隊凝聚力。由於她也有參加演講社團，曉詩的口才大大提升。由於長相出眾和口語流利，她開始擔任許多節目的主持人，成為風雲人物。

由於擅長表達，為人真誠，老師和同事都非常喜歡曉詩。良好的人際關係讓曉詩比同齡人收穫更多來自長輩的關心和支持。曉詩說，雖然在父母身邊那種低人一等的生活帶給她很大的痛苦，但她從沒放棄愛自己。這種堅定的信念，讓她一直非常努力。

二、愛自己就要努力工作

曉詩深知愛自己就要不斷努力進步。工作後，她善良、積極樂觀、豁達的交友態度，讓她培養了很好的人脈，也為她的事業發展建立優勢，這一切使得她成為該產業的領軍人物，也因此收穫了美好的愛情和幸福的婚姻。

三、提升財商，保持經濟獨立

從小開口向父母要生活費和學費讓她感到艱難和羞恥，高中畢業後的她就利用寒暑假打工賺錢養活自己。她知道一

個女人必須經濟獨立才能人格獨立,才能獲得有尊嚴的生活。因為懂得賺錢不容易,曉詩從小就養成了節儉的習慣。工作後,依靠銷售業績的提升和升遷,她在收入不斷增加的同時,也學習理財知識。錢不是萬能的,但沒有錢是萬萬不能的。因此,曉詩有了積蓄後開始買房買車,不依靠父母,不依靠男人,成為一個經濟獨立的女性。她說,這樣她才活得有自尊。

四、把自己打扮得漂漂亮亮

曉詩長得漂亮,也擅長打扮自己。雖說不能以貌取人,但個人形象還是非常重要的。因此,曉詩一直都會管理好自己的身材與外表。

案例 8　我的人生我作主

　　小紅小時候曾被人性侵。因為害怕被暴躁的父母責罵，又擔心父母會做出一些瘋狂的舉動，膽小的小紅只能把痛苦和不幸一直埋藏在心中。

　　為了改變自己的生活，小紅拚命讀書。大考結束後，她感覺考得比模擬考更差，便一路哭著跑回家。回到家中，母親問她考得如何？她說可能考不上理想的學校了。母親說：「那妳怎麼不去死？妳去跳樓算了。」她沒有去死。她想如果自己死了，就真的什麼都沒有了。幸運的是，後來她考上了心中的志願。

　　小紅研究所畢業後，找到了一份滿意的工作，也收穫了愛情。結婚那天，她將自己曾被性侵的事告訴了新婚丈夫。丈夫因為心有芥蒂經常打她，直至離婚。她好幾次都想去死，可一想到年幼的孩子和年邁的父母，她還是選擇活下去！

　　小紅沒有抱怨原生家庭對她造成的傷害，利用業餘時間讀書成為心理諮商師，走上一條自我治癒之路，也逐漸改變著自己的命運。最終，她成為優秀的心理諮商師和經濟獨立、人格獨立的人！她明白：愛自己，成為最好的自己，就不必從另一個人身上尋求滿足和期待。再婚後的她，不再把

下篇　走出原生家庭創傷

丈夫當成滿足自我期待和欲望的人，而是彼此尊重，保持適度的距離，過著讓彼此都舒服的生活！

這個受過苦難最後成為心理諮商師的女人說，痛苦的經歷造就她成為一個性教育工作者、熱心公益的心理諮商師，幫助更多人保護自己。在心理諮商過程中，小紅感受到了自己的價值。她告訴我，她努力擁有了理想的生活。她希望有生之年，能利用所學的專業知識，幫助和她一樣的人走出困惑和迷茫！小紅說人生本無意義，但她賦予的人生意義就是為弱勢族群多貢獻一點，讓他們相信透過努力也可以獲得理想的生活！

案例解讀

一、靠別人不如靠自己

小紅告訴我，她從小熱愛讀書。她成績好又經常幫助同學，最終她成為同學心中的榜樣。小紅不再因為家裡的貧困感到自卑，而是努力讀書考上想要的大學。

二、自我治癒

由於第一任丈夫嫌棄她被侵犯過，在委曲求全中過了十年，最終小紅選擇了離婚。為了走出離婚的痛苦，小紅在心

理諮商師的幫助下開始了自我治癒之路。她後來又透過多年的努力和學習,也成為心理諮商師。這不僅能幫助他人,也幫助了自己。透過大量閱讀心理學書籍,思考女性獲得幸福的方法,反思很多來訪者痛苦的原因,小紅對人生有了更多的見解。

小紅明白女人一定要靠自己。小紅一直非常努力,最終經濟條件也改善很多。而學習心理諮商知識,也改善了小紅的人際關係。她有了摯愛的家人和朋友,生活也過得越來越幸福。

三、我的人生我做主

女人只要願意讀書,願意努力,就可以提升經濟地位。當女人有了錢,才能人格獨立。小紅每天早上五點多起床讀書或寫作,有獨立思考的能力。這讓小紅的收入不斷增加。小紅一直積極努力,有堅定的人生目標!不能向命運低頭,不能聽之任之,要努力為自己的人生作主,要成為自己命運的主宰。

四、樂於助人的意義

一方面,小紅來自貧困的家庭,她渴望用自己的知識和經歷去幫助像她一樣的人。小紅說,也許她的力量薄弱,但

下篇　走出原生家庭創傷

能幫助一個人也許就救了一個家庭,就如小紅工作後成為她們家的支柱一樣,她讓父母有幸福的晚年。另一方面,小紅體會到人生不易,尤其貧困導致資源稀缺,而要擺脫命運的不公必須依靠自己的努力。在助人的過程中,小紅體驗到她的人生價值和意義。

五、用自己的傷痛換他人的覺醒

小紅童年遭遇性侵,新婚被丈夫嫌棄、家暴,她的經歷無疑是悲慘的,內心也曾充滿痛苦,但她卻並沒有被命運打倒,反而奮發圖強,成就了今天的自己。當有了知識之後,小紅發現,過去那些不幸的經歷很多時候也許並非出自人的本性,而是由於貧窮和無知。比如,父親、母親對自己的打罵,他們以為這就是對孩子好,因為在他們的認知裡「孩子不打不成器」。

了解了這些,小紅也便開始慢慢放下過去,放眼未來的生活。更重要的是,小紅不僅明白了自己的命運,也希望其他人不要步自己的後塵。於是,她將命運帶給自己的傷痛作為教材,從而拯救了無數人的命運。她總是在想:與其抱怨命運不濟,不如努力改變命運。不僅包括自己的,也包括那些和自己一樣的人。她一直致力於公益的性教育宣傳活動,致力普及性教育。

在幾次與小紅的交談中，小紅總是毫不避諱地談起自己的經歷，她說：「我之所以選擇這個職業，之所以這麼熱衷於宣揚性教育，其實也算是我對自己命運的抗爭吧。以自己的命運換來他人的覺醒不是很酷嗎！」

六、為愛而活

當不幸的事情發生後，小紅感到了無比的恥辱，她覺得自己從此以後都是一個骯髒的人了。那時候的她只有八歲，八歲的孩子哪有處理這些事情的能力呢？她想死，好像只有死才能擺脫一切。但是，當她看到燈下的母親還在彎著腰幫她補衣服，看到父親每天早起工作時，她知道父親母親還是愛她的。如果自己就這樣放棄生命，父母該是多麼心痛啊！於是，她選擇活下來。

第一次結婚後，她以為終於找到了自己的幸福，沒想到丈夫卻嫌棄她，不僅時常家暴，還移情別戀。那時的小紅感覺萬念俱灰，哀嘆自己的命為何就這麼苦？她再一次想死，想到了她時常經過的那條小溪。但是，兩歲多的女兒突然大哭，像是在哀求她一樣。小紅也再一次體會到了自己肩上的責任，那個柔軟的小生命如果失去了母親的疼愛，該有多麼可憐啊。於是，她再次選擇活下來。

因為有愛、有牽掛、有不捨，經歷過兩次掙扎之後，小

下篇　走出原生家庭創傷

紅終於明白只要有愛,我們就應該好好活著。

　　有了活出最好的自己的信念,小紅開始了新的人生。她把時間和精力用在精進自我、努力工作和賺錢以及善待愛她的人上,不再將時間和精力浪費在造成她痛苦的人身上。雖然曾經極力挽回丈夫,但最終沒法換來丈夫對她的愛。小紅主動選擇離婚。離婚後,用了近兩年時間,小紅才從痛苦中走出來,決定為自己和家人好好活著。從此,小紅經濟獨立,人格獨立!

　　小紅很慶幸自己當初沒有做傻事,否則無法享受現在幸福的生活!

案例9　女性也要經濟獨立

小玉自從大學畢業之後，一直努力賺錢，她覺得花自己賺的錢才安心。

隨著小玉不斷努力，她不僅能夠養活自己，還能貸款買房。如今，小玉已經二十九歲了，仍舊單身，家裡父母不斷催婚，總是叫她去相親。

但對於小玉而言，她非常排斥用相親的方式來尋找另一半，她希望自己和另一半是情投意合的，而不是為了結婚而結婚。於是，她跟父母說，她現在經濟條件還不錯，不想隨便結婚。

母親說：「你再不找，以後年紀大了怎麼辦？」

小玉說：「我自己可以養活我自己啊！」

父母聽了她的話之後，也不再強求，畢竟父母雖然有一點退休金，但遠不如小玉的收入高。

終於，兩年後小玉遇見了一個讓她心動的男子，對方的經濟條件一般，但是兩個人脾氣性格都很合，相處愉快。而且，她看得出來，那個男子雖說薪水不高，但很上進，兩個人一起努力，往後的日子有什麼好擔心的呢？

貝貝是技術員，每個月有固定的底薪，工作辛苦，經常

下篇　走出原生家庭創傷

加班。後來，經人介紹，認識了一家公司的一位小主管，兩人迅速墜入愛河，並結婚生子。有了孩子後，貝貝的丈夫很快升遷加薪，工作也越來越忙碌，就乾脆讓貝貝辭職，專心帶孩子。貝貝也十分享受這樣的貴婦生活，由於日常家事有保母，她只要帶著孩子玩耍，自己去健身、購物，她總是逢人就炫耀自己又買了多麼昂貴的包包，幫孩子交了多少錢的學費……

但是，一晃十年過去了，丈夫不斷升遷，而貝貝則一直停留在原地，兩個人的共同語言越來越少，看待問題的觀點也越來越不同，於是經常吵架，甚至要離婚。貝貝一想到離婚就十分害怕，她知道自己已經失去了賺錢的能力，離開丈夫，她將陷入困境；她想要孩子和她一起生活，但又根本負擔不起孩子的開銷。所以，每次丈夫要發脾氣時，她都只能卑微地說：「你說得對。」

案例解讀

一、經濟獨立可以讓你有更多選擇

試想，如果案例一中的小玉經濟不獨立，那麼她很可能在父母的催促下，把經濟基礎作為自己擇偶的重要標準。但如果兩個人的結婚只是經濟基礎，而不是愛情，那麼結婚之

後日子過得如何很難說。正是小玉的經濟獨立，才使得她有了更多的選擇。

反觀案例二中的貝貝，雖然對於現在自己的婚姻狀況心有不甘，但又能怎樣呢？結束這段婚姻，她不僅會失去現在優渥的生活條件，更會失去兒子的撫養權，因為她根本沒有能力撫養。假設這件事發生在小玉身上，她是不是就有了更多的選擇呢？

二、經濟的獨立是女人最大的籌碼

我們常說：錢財是身外之物。但是，我們不得不承認的一個事實是，有很多事情真的是用「身外之物」可以解決的。所以，擁有賺錢的能力，本身就是應對外界風險的一種能力。因為作為普通人來說，錢是一個人生存下去的最低籌碼。

為何第二個故事中的貝貝在這段支離破碎的婚姻中不敢離婚？最大的原因就在於經濟依賴。如果她離開丈夫，重返職場雖然不一定不行，但有誰敢說一定沒問題呢？

而小玉之所以能夠斬釘截鐵地跟父母說「不」，之所以敢選一個經濟實力一般而自己中意的丈夫，就是因為她的經濟實力強，她可以在結婚前保證他們的生活不會陷入困頓。

三、經濟獨立才有安全感

所謂的「安全感」簡單來說，其實就是「我不怕」；而沒有安全感，就是「我害怕」。

小玉敢選擇，敢於選擇自己喜歡的男友，就是因為她知道，即便對方賺得不多，他們的生活也不會有太大的問題。而貝貝則全然相反，她不敢離婚，就是因為她害怕，害怕自己沒有能力，害怕生活過得更糟。所以，真正的安全感，就是有能力駕馭自己的人生。

四、正確理解經濟獨立

我們告誡女人要經濟獨立，並非要女人愛財如命，而是要理解生活的根本問題。「經濟基礎決定一切」，如今獨立生活的能力顯得尤為重要，尤其針對女性來說，經濟獨立不僅僅意味著物質上的富足，也代表著精神上的踏實和滿足，更是讓女人人格獨立的保障。

案例 10　絕對不向命運低頭

點點從小生活在一個既貧困又不正常的家庭，父親有精神病，母親右手有殘疾。飽受折磨的母親最終狠下心與父親離婚，把年幼的點點留給了父親。

後來，又有媒婆幫父親介紹對象，但因為家裡還有個孩子，相親都失敗了。奶奶為此也開始怨恨點點，說她是個拖油瓶，耽誤父親再娶。父親的精神病時常發作，奶奶就對點點非打即罵。年幼的點點感受不到家的溫暖，只有無盡的恐懼和疼痛。

兩年後，十四歲的點點毅然離開了家，打算靠自己養活自己。但是她這麼小，國中也沒畢業，能做些什麼呢？最後只好在一家髮廊兼職。髮廊的客人繁雜，她經常會碰到一些故意刁難她的客人，甚至因為有一次洗頭弄痛了顧客而被打了兩個耳光。髮廊的老闆也因為點點年幼，經常無故苛扣她薪資，但點點為了能夠填飽肚子只能默默忍受。因為她除了要讓自己活著，還有一個的理想 —— 存錢，開一間屬於自己的美甲店。

幾年後，點點終於勉強租了一間很小的店面。一開始的時候，生意並不好，她也沒賺到什麼錢，因為捨不得花錢，她就在店裡放了一張摺疊床，白天當椅子坐，晚上打開就能

下篇　走出原生家庭創傷

當床。幸好憑著自己的努力和誠信，她的生意漸漸變好，也和很多顧客成了朋友。

顧客和她聊天時，總是稱讚她的手藝。她就會聊起自己的童年，她說：「我不能屈服於命運，我必須拚命努力，才能進步一點點。」說完，她總是哈哈大笑，這笑聲既包含著過去生活的辛酸，也是她對命運最有力的抗議。

五年後，點點有了兩間店，還有了兩個員工，真正成為老闆。雖然規模不大，但都是自己一點一點賺來的。

後來，點點遇到了現在的丈夫。丈夫也是窮苦人家的孩子，靠著自己的努力成為一名電焊工。雖然是勞力工作，但是他技術高超，公司裡最難的工作總是需要他解決。因此，他的薪水很不錯。現在，兩個人已經貸款買房。他們相信，憑藉著自己的雙手，一定可以讓自己活得更好。

後來，點點回到家裡，父親還是和以前一樣瘋瘋癲癲；奶奶也已經年邁，除了還能做做飯，其他幾乎什麼也沒辦法做了。她出錢幫家裡修繕了老舊的房屋，每個月定期給奶奶一些錢，希望他們能生活得好一點。奶奶時常慚愧地說：「那時候可真是辛苦妳了，這個家對不起妳。沒想到，我們點點這麼能幹……」

每到這時，點點也還是笑著和奶奶說：「要不然呢？我總不能躺在床上等著餓死吧。」

案例解讀

一、逃離受傷的家庭

父母離異後，患有精神病的父親讓點點成為同學的笑話，奶奶的打罵讓她有家也不想回。無助的她只能選擇獨自離開家鄉，雖然只有十四歲，但是她必須像大人一樣找工作養活自己，雖然飽受欺辱，但逃離那個沒有溫暖的家，是她小小年紀對命運的第一次反抗。

二、依靠自己改變命運

點點知道，在那樣的家裡她永遠沒有希望，可以想像到，再過兩年，奶奶和父親會幫她找個丈夫，只是為了一些聘金，然後讓她隨便嫁了。所以，她必須要靠自己改變命運。

歷經多年的磨難，點點從沒有想要依靠任何人，她決心靠自己來改寫命運。從離開家後，她就沒拿家裡一分錢。

三、學會與世界和解

點點雖然在原生家庭裡沒有得到溫暖和呵護，但是她並沒有對奶奶和父親，以及母親有一點怨恨。她努力改善曾讓她無數羞愧和傷痛的父親和奶奶的生活，依舊希望她的家人

下篇　走出原生家庭創傷

都能過得更好。

有人說:「點點,你真了不起,你難道一點也不恨他們嗎?」點點總是回答:「小時候恨過。但是長大後才發現,他們也真可憐。這個家已經夠苦的了,如果我再懷著怨恨對他們,奶奶和父親的一生就真的太悲慘了。那樣的話,我心裡也會難過的⋯⋯」

其實,人生的下半場,就是要放寬心,婚姻也是,事業也是,該放下的就放下,只有這樣,才能體會歲月靜好。

案例 10　絕對不向命運低頭

國家圖書館出版品預行編目資料

兩人三腳不能急！七堂婚姻必修課：調整呼吸、配合腳步，幸福旅途用默契與智慧共度 / 曾麗華，張廷彩 著. -- 第一版. -- 臺北市：財經錢線文化事業有限公司, 2025.07
面；　公分
POD 版
ISBN 978-626-408-328-7(平裝)
1.CST: 婚姻 2.CST: 性別關係 3.CST: 家庭關係
544.3　　　　　　114009779

電子書購買

爽讀 APP

兩人三腳不能急！七堂婚姻必修課：調整呼吸、配合腳步，幸福旅途用默契與智慧共度

臉書

作　　者：曾麗華，張廷彩
發 行 人：黃振庭
出 版 者：財經錢線文化事業有限公司
發 行 者：崧燁文化事業有限公司
E - m a i l：sonbookservice@gmail.com
粉 絲 頁：https://www.facebook.com/sonbookss
網　　址：https://sonbook.net/
地　　址：台北市中正區重慶南路一段 61 號 8 樓
8F., No.61, Sec. 1, Chongqing S. Rd., Zhongzheng Dist., Taipei City 100, Taiwan
電　　話：(02) 2370-3310　　傳　　真：(02) 2388-1990
印　　刷：京峯數位服務有限公司
律師顧問：廣華律師事務所 張珮琦律師

-版權聲明

本書版權為盛世所有授權財經錢線文化事業有限公司獨家發行繁體字版電子書及紙本書。若有其他相關權利及授權需求請與本公司聯繫。
未經書面許可，不可複製、發行。

定　　價：299 元
發行日期：2025 年 07 月第一版
◎本書以 POD 印製